Book Like

동화구연

변정원

청목출판사

시작하는 말

현장에서 어린이들을 대상으로 동화를 들려주다 보면 실제로 겪는 어려움은 생각 외로 많다. 동화선생님들이 자신에게 주어진 시간에 맞게 교육계획안을 짜고 수업 교재를 최선을 다해 준비하여 현장에 가게 된다.

그러나 자신이 계획한 대로 시간과 교안이 일치하지 않을 때를 많이 경험하게 되는데 그 순간은 등줄기에 땀이 흐를 정도로 당황하게 된다.

나 역시도 다양한 계층들을 대상으로 동화수업을 진행하면서 성공과 실패를 거듭해 왔다.

성공이라 함은 내 이야기를 들어주는 청자들이 나와 함께 동화되어지고 감성을 회복하며 행복해 할 때이고 실패라 함은 같은 이야기를 전달함에도 불구하고 반응이 없을 때이다.

동화구연을 잘 하는 사람일지라도 도입과 전개를 함에 있어 연결해 가는 기술부족으로 어려움을 겪는다.

동화를 들려주기 전에 어떤 말을 해야 할지 대상에 따라 언어의 선택이라든지 또 구연이 끝나고 나면 무슨 말로 마무리를 해야 할지 잘 모르겠다는 여러 선생님들의 이야기를 들었다. 그런 부분을 돕고자 동화구연의 응용부분과 주의집중을 위한 손유희도 다루게 되는데 이 책에서 조금이나마 도움이 되고자 소망한다.

동화구연이란 입으로 연기하면서 들려주는 것이지만 늘 만나는 아이들에게 같은 얼굴로 마주하면서 자칫 지루할 수 있는 시간을 아동문학이라는 커다란 장르 속에서 교구를 통한 아동문학의 전달방식으로 새로운 변화를 주는 것도 청자나 화자를 위해서도 즐거운 일이다.

교구도 동화를 많이 읽다 보면 자기 자신만의 창작이 나오게 되고 내용에 따라 그림이 떠오르게 된다.

그때마다 메모하고 제작을 하는 부지런한 교사들이 되길 바라고 늘 창의적이고 어린이들을 사랑하는 애틋한 마음으로 아이들 앞에 서는 교사들이 되길 바란다.

평생교육원이나 도서관, 초등학교에서 동화구연 강좌들을 기본적으로 진행하고 있으며 성인, 유초 등 대상의 열띤 동화구연 대회 등 활발하게 열리고 있으며 이제는 전국적으로 이야기 할머니의 양성까지 그런 모든 활동이 더욱 활성화되는 목적이 어디에 있는가도 우리들은 잘 알고 있어야 할 것이다. 그것은 어릴 때부터 책과 친해지고 책은 우리에게 즐거움을 주는 것이라는 것을 알게 해주는 것이다.

어릴 때부터 책읽기가 습관화되지 않으면 성인이 되어서 책 읽는 것이 얼마나 어려운지 자신이 느낄 수가 있다.

김해, 양산, 밀양, 진해, 창원, 마산에 있는 초등학교를 셀 수도 없을 만큼 찾아가서 독서 프로그램을 진행하면서 책을 읽는 아이와 읽지 않는 아이의 기준은 초등학교 3학년이 기준임을 보게 된다. 그 아이가 평생에 책을 읽는 사람이 될 것인지 아닌지는 초등학교 3학년까지 교사나 엄마의 도움으로 책을 읽는 즐거움을 아는 아이들은 평생을 책을 가까이 할 수 있지만 그렇지 못한 아이들은 평생 책을 읽지 못하는 세포를 가지고 성인이 되어서도 한 달에 책 한권 읽기가 어려운 사람이 될 수도 있다.

동화구연가는 책 속의 이야기를 입으로 연기하듯이 감동 있게 전달하여 어린이들이 책의 즐거움을 알게 하는 사명을 가지고 따뜻한 엄마의 마음으로 다가가야 할 것이다

2015. 7

변 정 원

차 례

제1장 아동문학

1. 아동문학의 정의

문학은 상상의 힘을 빌어 인간의 정서와 사상을 언어로 형상화한 예술작품이라 할 수 있다.

여러 아동 문학가들은 이렇게 아동문학을 정의하고 있는데 임원재(2002)는 아동문학을 어린이를 대상으로 씌여진 특수문학으로 어린이의 꿈과 동경을 지키며 올바른 인격형성과 발달단계에 알맞게 창조되어 건전한 사회적 일환으로 성장되도록 하며 아동이 즐겨 읽는 문학이다.

아동문학은 아동을 대상으로 하는 아동을 위한 문학이고 또한 동심의 문학으로 동심을 그리워하는 모든 이를 대상으로 하는 마음의 고향을 그린 문학이라고 말했다.

이재철(1983)은 아동문학을 동요, 동시, 동화, 아동소설, 아동극을 총칭한다고 하였고, 이원수(2001)는 아동을 대상으로 한 문학으로서 시인이나 작가가 아동들이 이해할 수 있는 형식과 내용으로 제작한 동시, 동화, 소년소설, 동극 등의 문학작품이라 정의하였고, 석용원(1982)은 동심의 고향으로 돌아가고 싶어하는 어른들에게 읽힐 목적으로 작가들이 창조한 동시, 동화,

아동 소설, 아동극 등의 장르를 총칭한 것이라고 하였다.

아동문학도 세부적으로 유아문학과 아동문학으로 나누어져야 하지만 그 개념이 아직 일반화되어 있지 않다.

유아문학은 대체적으로 0세에서 취학전의 아이들에게 해당될 것이고 아동문학은 그 이후부터가 해당될 것이다.

그러나 이원수의 말대로 아동문학이라고 해서 어린이만 대상이 아니고 동심으로 돌아가고 싶어 하는 어른들을 위한 것이 될 수도 있다.

2. 유아기 · 아동기들에게 문학이 주는 중요성

유아기와 아동기에 문학이 주는 즐거움을 체득한다는 것은 매우 중요하다.

어려서 익혀지고 학습되어진 것이 평생토록 가지고 살아간다는 것인데 다른 좋은 생활습관 및 인성 등 갖추어야 될 많은 지식들이 책에 들어 있다. 어릴 때부터 책과 함께 놀이를 하며 즐겨하는 아이들은 커서도 책과 친하게 지내며 살아갈 수 있다.

아동문학은 아동들에게 삶에 대한 간접적인 체험을 통하여 가치판단이나 바람직한 인격을 형성하도록 해준다.

뿐만 아니라 듣기, 말하기, 읽기, 쓰기 등의 언어영역 측면에서도 총체적으로 증진시키며 창의적인 사고를 할 수 있도록 도와준다.

중요성을 아래와 같이 나열해 본다.

첫째, 문학은 학문의 영역이 아니고 예술의 영역으로 문학적 경험을 통해 아름다움과 심미감을 기른다.

둘째, 상상력을 자극하고 창의력을 향상시킨다. 현재의 시대는 창의적인 사람을 요구하는 시대다.

셋째, 부모나 교사가 들려주는 문학적 경험은 자연스럽게 언어발달이 이루어지며 어휘력이 증가된다.

넷째, 다양한 문학작품을 경험하는 가운데 그 내용을 이해하며 논리적 분석력과 인지력이 발달된다.

다섯째, 작품을 통하여 자신의 생활에서 부딪히는 갈등을 해소하고 자신과 동일시하며 위안을 받고 긍정적인 삶의 태도를 갖는다.

3. 어린이 문학교육의 필요성과 교육적 효과

1) 창의력 발달

현실 속에서 경험할 수 없는 여러 가지 체험을 간접적으로 경험하게 되며 상상력을 자극한다.

2) 언어발달

부모나 교사가 들려주는 이야기 속에서 자연스럽게 듣기 능력 및 어휘력을 증가시킨다. 글 읽기 및 쓰기 능력을 기를 수 있다.

3) 정서적 안정 및 사회성발달

문학이 주는 감동을 통하여 기쁨과 슬픔 등의 다양한 감정들을 간접 경험하며 다른 사람을 배려하는 마음 등의 사회적 일환으로 함께 살아가는 방법을 알게 된다.

4) 예술적 감성

책속의 그림 작가의 그림 등을 통해 심미적 예술 감각을 알게 하고 철학적 내용을 통해 사고하는 능력을 기른다.

5) 책을 사랑하게 된다.

문학교육의 소재는 책 속에서 시작되므로 책을 가까이 하게 되고 유아 때부터 놀이를 통한 문학교육은 평생 책을 즐겨 읽는 사람이 될 수 있다. 책을 소중하게 다루게 되고 감상하는 책에 대한 예절도 배운다.

4. 아동문학교육을 위한 다양한 전달 매체

어린이들에게 문학적인 자질을 길러주기 위하여 전달방법도 여러 형태가 있다. 무조건 책만 들고 읽어주거나 책을 아이에 손에 쥐어 주는 것보다 더욱 흥미를 가지고 호기심을 갖도록 계획된 전략을 가지고 적극적으로 다가간다면 어려서부터 문학에 대한 즐거움을 가지게 될 것이다.

1) 동화구연
2) 그림책
3) 인형극
4) 역할극
5) 낱 장식 그림동화
6) 융판 동화
7) 테이블 동화
8) 패널시어터
9) 동극
10) 동시
11) 동요

이외에도 어린이에게 문학을 전달하고자 하는 여러 가지 형태는 계속하여 개발되어지고 있다. 위와 같은 문학전달에 있어 가장 기본은 말의 전달 매체인 구연이다. 동화구연은 아동문학교육을 위한 매체로서 가장 기본적으로 부모나 교사들이 익혀야 될 것이다.

태어나서 처음으로 책읽기를 시작하는 시기에 책에 대한 흥미를 지속적으로 살려주기 위해서는 아이에게 최초의 교사인 어머니의 역할이 가장중요하다. 아이가 문자를 터득하지 못한 상태에서 읽어주는 것이 불안하여 빨리 글자를 가르쳐야겠다는 생각에 글자가 많은 책으로 선택하는 경우도 있는데 이는 바람직하지 않다. 억지로 언어학습 독서학습을 강요당하면 글을 빨리 읽게 되어 단기적인 효과는 있을 수 있으나 책이 놀이보다는 공부 쪽으로 흘러 독서 기피증을 가져올 수도 있다.

동화책을 가지고 한글공부를 한다거나 읽고 나면 문제를 내거나 하는 활동은 가급적 하지 말아야 책에 대한 즐거움을 한껏 즐길 수 있다.

어머니 또는 교사가 들려주는 따뜻한 이야기는 효율적인 문자 교육이 될 수 있고 독서교육이 될 수 있다. 아이는 이야기를 들으며 사물들이나 문자에 대한 개념 및 말의 이해 집중력을 가지고 듣는 귀가 형성된다. 이쯤해서 아이들에게 문학을 즐기고 책의 즐거움을 알기 위한 독서 습관을 길러줄 수 있는 방법을 짚어보고 가고자 한다.

학교 학부모 특강을 다니다 보면 책은 언제부터 읽어 주어야 되는지에 대하여 질문을 많이 받는다. 대략 6개월부터 책을 보여주며 읽어 줄 수 있는데 책을 읽는다는 것과 들려주는 것은 다르다. 아이가 엄마의 태중에 있을 때는 당연히 들려준다.

아기가 태중에 있을 때는 저음의 아빠의 목소리를 좋아한다. 그래서 엄마도 들려주지만 아빠의 음성은 태아에게 더욱 행복을 선물해 줄 것이다. 아기가 태어났을 때는 엄마의 음성이 아빠보다는 좋다고 한다. 하지만 누구라도 책을 읽어주는 것은 좋을 것이다.

아이가 처음 책을 손으로 잡거나 보기 시작하는 것을 6개월로 기준하여 읽어준다. 그래서 우리나라 도서관들의 유아들에게 책을 읽어주는 프로그램인 BOOK START 운동도 6개월 된 아기와 엄마가 입장하여 참가할 수 있도록 되어 있는데 북스타트란 책과 함께 인생을 시작하자라는 뜻으로 생후 6개월부터 시작해서 12개월 또는 유치원에 가기 전까지 참여하고 있다.

오스트리아의 동물심리학자인 콘라트 로렌즈(1903～1989)는 동물이 본능적으로 가지는 학습 양식의 하나로서 태어난 지 얼마 안 되는 한정된 시기에 습득하여 영속성을 가지게 되는 행동으로 각인이라는 것을 알아내었다.

오리가 알에서 나왔을 때 처음 본 것을 엄마인 줄 알고 따라다니는 각인 효과가 새에게만 있는 것이 아니라 사람에게도 있다. 그러기에 어릴 때의 문학 경험은 평생을 가게 하는 중요한 출발점이 된다.

아동문학의 접근은 이처럼 어릴 때부터 시작되어 습관처럼 즐기도록 도와야 하기에 몇 가지 방법을 알아보도록 한다.

◈ 문학으로의 접근 독서 습관 기르기

(1) 독서의 습관은 먼저 부모님부터 솔선수범하여 책 읽는 모습을 보여주는 것이 가장 바람직하다.

독서의 능력은 어느 날 갑자기 되지 않는다. 부모가 아이의 보는 앞에서 책 읽는 모습을 보여줌으로써 자녀도 자연스럽게 몸에 베이게 되는 것이다. 심은 대로 거두는 원리를 생각해 보면 부모가 좋은 모습을 아이에게 심어주어서 어려서부터 형성된 독서습관은 앞으로의 삶을 살아가는데 유익함을 줄 수 있을 것이다.

(2) 책은 소중한 것임을 알게 한다.

책을 한장 한장 넘길 때도 소중하게 다루는 모습, 침을 바르거나 마구 다루는 일은 없도록 처음부터 알려주는 것이 좋다.

(3) 그림동화를 읽어준다.

그림책 읽어주기는 그림책으로 하는 유아 문학교육 활동 중 가장 대표적인 활동으로써 그림동화는 더 많은 상상력을 키워준다. 특히 영유아들 대상의 책은 읽는 책이 아니라 읽어주는 것이라 여기고 엄마와 스킨십을 통한 기분좋은 교감을 함께하면서 사랑받는 느낌을 가지게 하는 것이 중요하다.

(4) 같은 책을 되풀이해서 들려줘라.

아이가 같은 책을 계속해서 읽어달라고 하면 과연 괜찮은건지 난감해질 수 있는데 반복하여 듣는 아이는 그 책으로 인해 행복했던 경험이나 자기와 동일시된 느낌 그 외의 여러 느낌을 반복하여 가지고 싶은 욕구에서이므로 원하는 경우에는 반복하여 들려준다.

반복적으로 읽을 때마다 혹은 들을 때마다 아이가 받아들여지는 교훈이나 감동이 다를 수 있기 때문이다.

(5) 배경지식을 쌓게 한다.

배경지식이라 함은 책속의 등장인물이나 배경에 대하여 보여주거나 만지거나 느껴보는 것으로 가령 개미나 꽃등 아이에게 실제적인 것을 보면서 감성을 키우고 아름다움을 알게 하고 책을 읽으면 공감하는 공감대 형성이 빠를 수 있다.

(6) 먼저 어머니가 읽어본 후 아이에게 권한다.

누군가에게 이야기를 감동있게 전달하려면 전달자가 먼저 감동을 받아야 흥미를 더할 수 있다. 또한 그 이야기가 주는 작가의 의도도 파악하면 더 목표를 가지고 읽어줄 수도 있기 때문이다.

(7) 아이의 생각을 표현하게 한다.

가급적 등장인물에 대한 긍정적인 내용이나 스토리 전개의 상황의 이해를 돕는 내용으로 "왜 그랬을까" "그 다음은 어떻게 되었을까" 하는 방법으로 생각을 자연스럽게 풀어내도록 유도해 본다.

(8) 질문을 했을 경우는 성심성의껏 대답한다.

질문을 하는 아이는 그래도 생각하는 아이이다. 질문에 대하여 성실하게 대답을 해주는 것은 아이에게 깊이 사고하는 능력을 키워주고 자신감도 키워줄 수 있다.

(9) 독후활동으로 등장인물의 행동을 표현해 보거나 그림이나 아이가 표현한 말을 글로 적어 보여준다.

책을 다 읽고 난후에 여러 가지의 독후활동이 있다. 가장 좋은 것은 성장한 아동들은 독후감을 쓰게 하는 것이 가장 좋은데 유아인 경우는 글을 모르기 때문에 교사나 부모가 아이가 표현한 것을 적어 보여줌으로써 자신의 생각이 그림이나 글로 결과물이 나온 것에 대하여 의미를 적용받을 수 있다.

초등고학년 그림책 읽어주기

◈ 다양한 독후활동

책을 읽고 나면 여러 가지 독후활동을 함으로써 독서 흥미를 유발시켜 상상력과 창의력을 향상하고 사고력을 신장시킨다.

예를 들면 그림으로 나타내기, 나만의 그림책 만들기, 주인공에게 편지쓰기 등의 정적인 활동 및 동화속 주인공되어 보기의 역할극, 스토리텔링, 동화구연 등의 동적인 활동 등으로 재구성하여 대인관계력 등의 사회성을 배운다.

◎ 독서낱말사전이나 독서달력 만들기

책을 재미있게 읽기 위해서는 다양한 어휘표현을 아는 것이 중요하다.

책을 읽는 이해와 매우 밀접한 부분으로 책을 읽다가 모르는 단어가 나오면 국어사전을 찾아서 기록해 보는 것이다. 수첩 한 페이지에 한 낱말만을 풀이해서 써둔다. 이렇게 해서 여러 권이 모이면 자신도 모르는 사이에 어휘력이 향상되고 좋은 독서습관이 생길 것이다.

책을 읽고 나면 몇 권의 책을 읽었는지 한눈에 알도록 독서 달력을 만들어 준다. 이 부분을 많이들 귀찮아 하고 힘들어 하지만 자녀는 부모의 기업이다라는 생각을 가지고 시간과 노동을 주어야 한다.

(10) 의성어 · 의태어를 살려서 읽어준다.

책을 읽어줄 때 의성어 · 의태어를 빼고 읽어주는 경우가 종종 있다.

읽어줄 때 그러한 소리에 적응하기가 쑥스러워서 그런 것 같다.

그러나 유아들은 실감나게 듣는 소리나는 말 즉 의성어 움직이는 말 즉 의태어를 들음으로써 상상력을 더욱 자극할 수 있고 재미를 더한다.

◎ 소리내어 읽기

책을 읽을 때 소리내어 읽으면 전두엽이 자극을 받아 보다 창의적인 사람이 될 수 있다고 한다. 발표나 토론도 좋은 방법이다. 말을 많이 할수록 두뇌 회전이 빠르다

(11) 전래동화, 창작동화를 읽어준다.

초등학교에 다니는 아이들에겐 전래동화를 읽어주는 것이 유익하다.

초등학교는 바른생활 교육에 준하여 교훈을 얻기 위한 목적으로 전래동화의 권선징악이 나타나는 뚜렷한 내용이 좋은 영향력을 줄 수 있고 유아들에게는 창작동화가 창의력발달, 상상력 발달, 호기심 유발 등 유아 발달시기의 동일시 등에 유익함이 있다.

(12) 다 읽어준 후에 교훈은 삼간다.

책을 읽어준 후에 흔히 하는 실수로 책속의 내용 중에 주인공이 실수를 했거나 잘못하여 당한 일을 교사나 엄마가 아이에게 "너는 그리 하면 안 된

다" 혹은 "그리하면 될까 안 될까"라고 하는 주입식 형태의 교훈은 그다지 도움이 되지 못하며 오히려 책을 싫어하게 되는 요인이 될 수도 있다. 그냥 읽어 주는 것으로 재미있었느냐고 하며 마무리를 하는 것이 유익하다. 아이는 동화를 들으면서 이미 자신이 가져가야 할 교훈을 나름대로 정리한다.

필자도 어느 초등학교에서 인형극을 공연하는데 어린이들이 얼마나 신나고 즐겁게 호응을 하는지 열띤 공연을 잘 마쳤다. 그러나 마치고 난후 교감선생님께서 인형극의 내용이 말하고자 하는 메시지를 나름 정리하셔서 교훈을 하시고 관객 아이들에게 올바른 행동에 대하여 발표까지 시키는 바람에 갑자기 장내가 너무 조용해지고 공연의 즐거움이 식어버린 경험을 한 적이 있다. 동화를 들려주는 것만으로도 그 속에 교육적인 내용이 이미 다 들어 있기 때문에 주입하는 교훈은 삼가야 된다.

(13) 가까운 도서관이나 서점에 아이를 데리고 가서 직접 고르게 한다.

책을 한꺼번에 많은 양을 전집으로 구입하여 집안의 책장을 채우는 것보다 한 권씩 아이와 함께 구입하여 읽고난 후 빈 책장을 채워 가는 것도 즐겁고 보람되고 바람직하다.

◈ 책을 쉽게 볼 수 있는 독서 환경 만들기

요즘은 가정에서도 거실에 TV를 없애고 도서실처럼 꾸며 자연스럽게 책을 접하는 환경을 만들어 주기도 한다. 무엇보다도 부모님의 책 읽는 모습을 보여줌으로써 책을 보라고 주입하는 것이 아니라 행동주의 교육이 더 효과적이다.

눈높이에 맞게 책을 비치하고 읽은 책은 따로 비치하여 성취감도 느끼게 해준다. 아이 주변에 책을 두어서 손쉽게 보게 하는데 화장실에도 짧은 동시집, 그림책 등을 놓아둔다.

◈ 읽고 나면 생각할 시간을 주고 기록한다.

책을 정독했다고 해도 불과 30일이 지나면 까마득하게 잊게 된다.

J. 로크는 "독서는 다만 지식의 재료를 줄 뿐 그 자신을 만드는 것은 사색의 힘이다"라고 강조했다. 이처럼 생각하는 시간 즉 엄마와 함께 대화도 하고 자신의 생각을 말하게 하고 기록하는 습관은 시작은 귀찮을지 몰라도 큰 재산이 된다.

5. 아동의 발달특성과 문학

아동에게 적합한 동화를 전달하기 위해서는 발달단계에 따라 특성이 있음을 이해하지 않으면 어떤 것을 선정해야 할지 어려울 수밖에 없다. 그러므로 발달단계에 대해 이해하고 그를 근거로 문학적 경험을 제공해야 할 것이다. 문해 능력 또한 차이가 있을 것이고 흥미도나 집중력도 많은 차이가 있을 것이다.

1) 영아기(출생~만 2세)

이 시기에 영아들이 책을 읽을 수 있는지에 대해 질문하는 사람들이 많은데 이때의 영아들에게 책을 주게 되면 그들만의 독특한 방법으로 책과 상호작용한다. 책을 읽거나 즐기는 것이 아니고 물리적인 방법으로 책을 탐색한다.

삐아제의 발달단계의 감각운동기에 속하며 이 시기에는 만지고 무조건 입으로 가져가게 되는데 이런 활동만으로도 교육적 의의는 된다고 볼 수 있다. 그러므로 책의 모양이나 크기, 재질 등이 고려되어야 한다. 헝겊책, 플라스틱, 터치북들을 이용한 책들을 줄 수 있다.

책의 내용은 일상생활이 관련되어 기본생활습관을 적용할 수 있는 내용이 좋다. 잠자기, 옷입기, 동물이야기 등을 소재로 반복적이고 간결한 문장, 의성어・의태어가 있는 내용으로 선택할 수 있다.

2) 유아기(만 2세~만 5세)

이 때부터는 독립적인 단계가 발달을 하게 되어 일상생활에 필요한 신체

조절 능력이나 언어 인지적 면에서도 빠르게 발달하여 어휘능력이 급격하게 일어나며 자기중심적이고 물활론적 사고와 또래집단과 어울리기의 사회적 관계가 형성되는 시기이다. 이 시기의 유아들은 문학에 관심을 보이며 흥미롭게 책을 읽을 수 있다. 글자를 몰라도 그림만 보고서도 내용을 파악하고 나름대로 책을 읽는다. 이때는 책을 읽어주는 것이 매우 중요한데 특히 책을 읽어줄 때 들려주는 사람과의 관계 형성에도 영향을 미치며 정서적인 안정감과 애정을 느끼게 한다. 책의 내용은 그림이 사실과 같고 사물이나 동물이 의인화된 내용 책속의 주인공이 자립적으로 문제를 해결해 가는 모험심이 들어간 내용이 이 시기엔 적절하다.

3) 아동전기(만 6세~만 8세)

이 시기도 참으로 중요한 시기이다. 이 시기에 문학적 경험이 잘된 아이는 평생에 문학이 함께 갈 수 있으나 그렇지 못한 아이는 성인이 되어서 한 달에 한 권이라도 제대로 책을 읽지 못하는 사람으로 성장할 수 있다.

초등학교 3학년이 어느 정도의 기준점이라고 볼 수 있는데 3학년까지 책이 주는 즐거움이나 책을 읽는 것이 습관화되지 않으면 4학년부터는 책을 읽는 것이 어렵다. 책을 읽지 못하는 것도 병이라고 할 수 있다. 그래서 독서치료라는 것도 있지 않은가. 치료를 해서라도 책을 읽게 해야만 되는 것이다.

이때의 아동들은 학교에 들어가서 바른생활을 배우는 시기이니 권선징악적 윤리관이 들어 있는 전래동화를 권해 볼 수 있다.

이외에도 지식정보책이나 친구관계, 경험담 등이 실려 있는 내용이나 그림책도 적당하다.

글이 없는 그림책이나, 글이 있는 그림책은 영유아나 유아기에만 보는 것으로만 여기는 사람들도 많으나 그림책은 아동기를 비롯해 성인도 읽어야 한다.

제 2 장 동화구연

1. 동화구연의 개념

동화구연은 아동문학의 한 장르이며 어린이에게 유익한 이야기를 입으로 연기하듯이 감동 있게 전달하는 것으로 교구나 교제를 사용하지 않고 얼굴 표정, 제스추어, 알맞은 시선과 목소리를 사용하여 이야기하는 것을 말한다.

즉, 동화구연은 문자언어로써 있는 구연동화를 음성언어(동화구연)로 들려주는 것이다. 혼자서 글을 읽지 못하거나 이해하기 힘든 유아에게는 중요한 동화 전달 방법이며 동화를 전달하는 구연자는 흥미롭게 전달하고자 노력하며 동화속 내용을 상상하며 그림을 그릴 수 있도록 도와야 한다.

결코 교육이 아니라 예술로써의 접근이어야 하고 듣는 청자가 심미감과 즐거움을 경험할 수 있게 해야 한다.

〈구연동화와 동화구연의 차이점〉

청자에게 동화를 들려주기 위해서는 먼저 동화가 선택되어야 하는데 동화를 선택 후에는 반듯이 들려주기에 적합하도록 개작되어야 하는데 구연동화는 이미 들려주기에 적합하도록 각색된 동화로서 문어체가 구어체로 되어 있고 호흡이 긴 문장은 구연하기에 적합하도록 짧은 호흡으로 각색되어 쓰여진 형태가 즉 구연동화이고 동화구연은 앞에서도 말한 것처럼 입으로 연기하며 말로써 들려주는 활동이 동화구연이다.

2. 동화구연의 역사

동화구연의 역사를 시기적으로 정확하게 할 수는 없을 것이다.

입에서 입으로 전해지는 구연의 뿌리는 인간이 지구에 존재하면서부터 자연적으로 시작이 되었을 것이다.

그러나 동화구연이 구체화되어지고 동화구연에 대한 중요성을 인식하고 어린이들에게 미치는 교육효과를 본다면 어느 정도 차이가 있을 것이지만 그 흐름을 제시해야 될 것이다.

1) 노변동화시대

음성자체만으로 어디에서건 이야기를 들려주고 들었던 동화를 노변동화(석용원, 1998)라고 한다. 우리가 어릴 때 장소를 불문하고 모여앉아 할아버지 할머니로부터 들었던 옛날이야기는 지금도 따뜻하게 자리잡고 있다.

2) 주일학교 동화시대

1885년에 우리나라에 기독교가 들어오면서 1890년경부터 아동을 위한 주일 학교가 시작되었다. 설교시간에 성경속의 이야기들을 아이들에게 들려주면서 자연스럽게 목소리의 구연 및 성경 동화 내용이 그 시대에 맞추어 개작 등이 있었을 것이라 본다. 이때 동화와 노래도 강조되었고 성경이야기뿐만 아니라 외국의 동화를 들었고 지금까지도 주일학교에서 성경동화구연대회도 이어지고 있다.

3) 유치원 동화구연 시대

기독교의 주일학교는 곧 유치원 교육으로 발전되어 1897년 일본인이 세운 일본 어린이를 위한 부산유치원 한국 어린이를 위한 유치원은 백인기가 세운 경성유치원(1913), 1914년 브라운 리가 세운 이화학당 부속유치원인 이화유치원을 계기로 전국 각지에 생겨났다. 당시의 유치원 교육과정에도 동화를 통한 유아교육이 중시되었고 1924년 숭의보육과에는 동화법이 교육과정에 들어 있었다(류혜원, 2008).

글자를 모르는 시기의 아이들에게 교사들은 동화를 들려주는 동화구연가의 역할도 했을 것이며 유아들의 발달수준에 맞도록 이때부터 교육하였을 것으로 본다.

4) 소파(小派) 방정환 동화구연시대

1923년에 소파 방정환선생은 어린이 운동 단체인 '색동회'를 창립하여 나라의 기둥인 어린이 교육에 힘쓰며 '어린이'라는 명칭을 만들었고 어린이날을 제정하기도 했다.

우리나라가 일제 강점기에 있을 때 어린이들이 우리나라의 정서를 잊지 않게 하기 위해 힘쓰며 백설공주의 이야기도 실감나게 구연하며 들려주었다고 한다. 방정환 선생님의 이야기가 얼마나 재미가 있었던지 듣는 아이들이 자리를 뜨지 못하고 소변을 고무신에 누면서까지 이야기를 놓칠세라 들었고 방정환 선생님도 소변을 너무 참아 그로 인해 신장에 병이 나서 33세의 나이로 돌아가셨다는 이야기도 들었던 생각이 난다.

소파 방정환 선생님은 참된 동정, 만년셔츠 등의 동화를 창작하기도 했는데 전국을 다니며 실감나게 동화를 들려주던 열정을 우리도 본받아야 할 것이 이때로부터 동화구연의 구체화가 되었다고 볼 수 있고 정기적으로 '어린이에게 들려주는 동화구연 대회'를 개최하여 동화구연가가 양성되어지고 지금까지도 활동은 활발하다.

5) 라디오 방송 동화구연 시대

1927년 2월 16일 첫 방송을 낸 경성방송국에서는 어린이 시간이 마련되어 방정환, 고한승, 진장섭, 정홍교, 연무소, 이정호, 윤석중, 최인화, 정규환, 전상진, 김복진, 이순이, 홍은순 등이 참여하였다. 이때는 아동문학을 하는 상당수가 남성이었음을 알 수 있다.

6) 현대의 동화구연 시대

색동회를 중심으로 많은 동화구연가들이 양성되어져서 현대는 평생교육원, 문화센터, 도서관, 학교 등에서 동화구연 전문가들을 양성하는 기관이 많아지고 동화구연 대회도 각 기관마다 개최하여 자라나는 아이들에게 더욱 다양하게 다가가고 있다.

색동회가 주최한 1976년도 '제1회 전국어머니 동화구연대회'가 열리고 제1회 대상은 윤옥자 선생님, 제2회는 연순자 선생님이 대상을 차지하기도 했다. 이 대회를 계기로 상을 받은 어머니들의 모임인 색동회 어머니 동화구연가회가 결성되어 지금까지 이어오고 있다.

이후로도 많은 동화구연 전문단체들이 결성되어 지역마다 활발하게 움직이고 있다.

7) 이야기 할머니 활동

고령화 시대에 접어들면서 노인 일자리 창출의 일환으로 유아들의 인성함양에 도움이 되는 것은 물론 옛 이야기와 선현들의 미담이 단절돼 있는 조손세대와의 문화를 소통시키고 유아 인성함양 및 민족문화의 정체성을 바르게 갖게 하는 것을 목적으로 이야기 할머니활동이 전국적으로 활발하다. 이야기 할머니의 활동이 동화구연가로서의 활동은 아니지만 주로 동화구연을 배우고 훈련되어진 할머니들로 구성되어지고 있음을 볼 수 있다. 이야기 할머니의 활동도 해를 거듭할수록 관심이 더해지고 있다.

3. 동화구연의 교육적 효과

동화구연의 교육적 효과는 개인의 받아들이는 정도에 따라 차이가 있는데 구연을 들려주는 사람은 동화만을 전달한다는 것 외에도 예술적인 감성과 감동을 주려고 노력해야 한다.

아이들은 감동을 받았을 때 즉 재미를 느꼈을 때 비로소 카타르시스를 경험하며 아래와 같은 교육적 효과를 가져갈 수 있을 것이다.

1) 언어발달 및 언어사용의 기초능력을 기른다.

동화를 듣고 스스로 구연하거나 표현함으로써 듣고 말하기 능력을 기르고 문자와 친밀감을 가지게 되어 읽고 쓰는 능력이 길러진다.

2) 상상력과 창의력 예술적 감성을 기른다.

구연을 할 때 아무런 도구나 책도 가지지 않고 구연자의 목소리로 감상하기 때문에 듣는 청자의 상상력은 날개를 달 수밖에 없다. 우리가 예전에 라디오를 듣고 자라면서 들려주는 성우의 목소리로만 들려오는 상황에서는 얼마나 상상력을 발휘했었는지 모른다. 그래서 TV를 바보상자라고 표현했던 때도 있었듯이 목소리로 전달하는 구연의 효과는 상상과 창의 예술적 감성까지도 기를 수 있다.

3) 사고하는 능력과 올바른 판단력을 기른다.

주인공들이 모험을 하면서 어려움 등을 대처하는 모습을 간접경험을 하면서 자신도 정의롭고 올바른 생활에 대한 능력이 길러진다.

4) 대인 관계력 및 사회성발달

동화 속에 등장하는 등장인물들을 통해 다른 사람의 입장이 되어 보는 상황도 경험함으로써 남을 배려하는 마음 등의 사회성이 발달된다.

5) 발표력, 자신감, 언어구사력 증진

동화를 듣는 귀가 열리고 자주 문학적 환경에 노출된 아이는 자연스럽게 말하는 어휘력이 증진되어 말하기에도 자신감이 생기고 말을 하는 데도 논리적인 표현이 가능해진다.

6) 자연사랑

동화 속에서는 모든 것이 말하고 움직일 수 있다.

나무도 곤충도 말하고 동물들도 삶속에서 생각하고 가정을 이루는 의인화된 내용들이 많다. 이러한 동화를 읽거나 듣는 아이들은 함부로 나무를 꺾거나 곤충을 해하는 아이는 되지 않을 것이다. 오히려 그러한 생명을 사랑하고 함께 대화를 나누는 아이가 될 것이다.

7) 문학을 즐기며 책에 대한 접근이 용이하다.

동화를 들으면서 감상하는 능력이 길러지고 즐거운 감동을 경험함으로써 문학을 좋아하게 되고 직접 읽고 싶어지게 되어 자연스럽게 독서교육이 이루어진다.

4. 동화구연의 기본 요건

1) 동화구연의 3요소

동화를 구연하기 위한 필요한 요소로써

첫째, 구연자(동화를 들려주는 사람)

둘째, 내용(들려줄 동화)

셋째, 청자(듣는 사람)가 있어야 한다.

(1) 구연자(동화를 들려주는 사람)

모든 사람이 구연자가 될 수 있으나 반드시 갖추어야 할 요소는 어린이를 사랑하는 마음 곧 순수 동심을 가지고 있어야 한다.

구연을 할 때 구연자의 몸짓이나 생각이 얼굴표정에서 그대로 나타나므로 맑고 밝은 표정은 구연자가 기본적으로 갖추고 있어야 한다.

구연자는 따뜻하고 친절한 감성으로 늘 긍정적인 마인드를 훈련하고 외모에도 적절한 관리가 필수라고 생각한다.

단정한 옷, 머리모양, 화장 등에 대하여도 누가 뭐라 하지 않아도 기본적 매너를 가지고 있어야 한다.

(2) 내용(들려줄 동화)

구연의 내용도 다양하고 광범위하다.

어떠한 종류의 내용이라도 구연이 될 수 있지만 문장 동화로 되어 있는 것을 그대로 구연하면 곤란하다. 구연하기에 적합하도록 각색하거나 듣는 사람에 맞게 수준 등을 고려하여 수정을 하고 지루하고 딱딱한 내용은 호기심을 유발하도록 바꾸어서 들려주어야 한다.

또한 환경이나 장소에 따라 내용의 선택도 중요하게 생각해야 할 것이다.

(3) 청자(동화를 듣는 사람)

구연을 듣는 사람은 모두 청자가 된다.

듣는 사람도 듣는 사람으로서의 기본적 태도 즉 들려주는 사람과 내용에 주의를 집중하며 바르게 듣는 태도를 익혀야 한다.

동화를 듣는 대상이 꼭 유아나 아동이 아니다. 요즘은 듣는 대상이 다양한데 노인 요양원의 어르신들, 장애우가 있는 시설, 아동 시설 등 다양하다.

2) 구연하기 전의 준비사항

아무런 교구나 책도 없이 동화구연을 한다는 것은 현장에서 체험을 해본 사람은 결코 쉽지 않음을 알 수 있다.

실제로 유치원이나 어린이집에서 많은 아이들을 앉혀두고 동화를 들려줄 때 아이들의 모습은 상상과는 많이 다르다. 조용히 하면서 구연자만 집중하여 봐주지 않는다. 그렇기 때문에 단단히 마음가짐을 준비하지 않으면 오히려 상처를 받고 좌절하며 교실을 나와야 하는 현실도 있다는 것이다.

(1) 구연자의 마음가짐을 점검한다.

첫째, 구연을 하는데 가장 중요한 것은 구연을 하는 사람의 마음가짐이다.

먼저, 동화를 너무 외우려고 하는 것은 동화의 색다른 맛을 느끼지 못하게 할 수 있다.

외워서 구연할 경우에는 다음 문장이 생각나지 않는 경우에 당황할 수도 있게 되지만 이야기의 흐름을 알고 많은 연습을 통해 자기의 이야기로 만들어 구연하게 되면 언어 구사력도 향상되고 이야기의 맛을 더욱 살릴 수 있다.

둘째, 이야기를 듣는 대상이 어린이든 어른이든 남 앞에서 이야기를 하는 것은 누구나 어려운 일이다. 그러나 구연자가 불안해하고 긴장상태에서 구연하게 되면 이야기가 생동감 있게 전달되기 어려울 것이다. 그러므로 구연자는 안정감과 자신감을 가져야 한다.

셋째, 구연자는 동화를 구연하는데 명확하고 분명한 목적의식을 가지고 구연해야 전달이 명료해진다.

넷째, 전체적인 구연자세로서 요란스런 복장, 구연에 방해가 되는 자신만의 특이한 버릇, 지나친 화장 등은 구연에 방해요소가 될 수 있다.

(2) 내용의 알맞은 선택 점검

구연의 내용을 선정하는 일은 매우 중요하여 교실에서 아이들에게 들려줄 때도 많이 고심하기도 하고 특히 대회를 준비하는 과정에서는 더욱 어렵다.

- 작품은 먼저 유아에게 유익하고 가치있는 내용으로 명확한 주제가 있어야 한다.
- 교사의 흥미를 끌 수 있는 내용으로 준비를 한다. 교사 자신이 흥미를 느낄 때 표정이나 몸짓이 자연스럽게 표현되기 때문이다.

- 동화내용이 어린이의 흥미, 연령, 발달 수준에 맞게 선택되어야 된다.
- 동화내용이 어휘력, 문장력으로 구성되어 청자들이 내용을 쉽게 이해하며 몰입하게 하는 내용이어야 한다.
- 동화내용이 대화와 동작이 풍부하고 상상력을 자극할 수 있어야 한다.
- 어린이가 경험하는 생활세계를 담은 이야기는 친숙감을 주기 때문에 동화의 소재가 청자의 밀접한 것을 선택한다.
- 이야기의 진행이 빠르고 등장인물의 움직임이 동적이고 풍부해야 한다.
- 동화의 구성은 기승전결이 분명하고 논리적으로 명백해야 한다.
- 동화의 내용은 반복되고 리듬이 있는 것이 바람직하다.
- 전래동화는 사건의 진행이 단순하고 갈등 상황을 해결하는 부분과 긴장감이 뚜렷한 절정 행복한 결말로 이루어지는 내용이 많아 구연동화로 들려주기에 적합하다.

(3) 동화구연중의 주의사항

- 도입부분에 호기심을 유발하도록 한다.
- 지나친 수식어와 호흡이 긴 문장은 되도록 하지 않도록 한다.
  어린이들은 간결하고 호흡이 짧은 문장에 더 집중하기 때문이다.
- 직접화법의 사용으로 구연의 생동감을 살려야 한다.
  문장 동화로 되어 있는 내용들은 직접화법으로 고쳐 이야기를 한다면 더 생동감 있게 이야기가 전달될 수 있다.

5. 구연을 위한 개작(각색)

각색이란 이미 작가가 쓴 작품을 구연하기에 적합하도록 재구성하는 것으로서 문장체를 구어체로 바꾸고 시대적 정신이나 환경, 연령에 맞게 특성을 살려 작가의 전달하고자 하는 내용을 보존하여 재탄생시키는 것이다.

개작의 기본적 원리는 3가지로 나누는데 삭제할 수 있으며 첨가할 수 있다.

단 원작의 전달하고자 하는 작가의 중심적인 생각은 반드시 보존하여야 한다. 각색을 했을 경우 원작자 각색자가 표기되어야 할 것이나 원작자를 알 수 없는 구연동화가 많이 있어 표기가 어렵기도 하다.

1) 각색의 필요성

어린이들에게 동화를 들려주다 보면 내용이 너무 길거나 혹은 짧아서 상황에 맞지 않거나 하는 경우도 있다.

작가가 쓴 내용이나 언어표현에 있어서도 듣는 연령층에게 이해가 되지 않는 경우, 시대적 배경이나 공간적 배경으로 외국 동화의 경우에 내용이 우리나라와는 달라 이해가 어려운 경우에는 알맞게 고쳐서 들려주어야 한다.

각색을 할 때는 아동문학의 이해를 바탕으로 어린이의 발달단계 범위에서 각색할 수 있다.

각색하는 기준은 유치부 1분 동화, 초등저학년은 2~3분, 초등고학년은 3~5분, 성인 일반부도 3분이 넘고 5분을 초과하지 않는 범위로 각색하여 동화구연 대회나 청자들에게 들려줄 수 있다.

2) 각색의 3요소

(1) 삭제

어린이의 성장과정에 도움이 되지 않는 부분이나 시대적 정신에 맞지 않는 부분은 과감하게 삭제한다.

듣는 연령이 어린 경우에는 내용이 너무 길어서 집중이 어려운 경우에는 긴 문장을 짧게 줄이고 등장인물도 너무 많은 경우 내용의 의도를 살릴 수 있도록 유지하면서 줄일 수 있다.

(2) 첨가

구연자의 창의적인 생각이나 작가적인 소양을 갖춘 경우 새로운 어휘를 첨가하고 현재의 어린이들의 관심분야를 첨가시킨다면 더욱 호기심을 유발할 수 있고 집중하기에 좋을 것이다.

(3) 보존

원작의 중심 생각은 반드시 보존하여야 한다.

작가의 기본 사상, 중심 생각, 작가의 인생관, 세계관은 작품전체를 이끌며 읽는 이들에게 공감대를 형성하는 부분으로 너무 많은 부분을 각색하게 되면 원작의 가치를 알 수 없게 된다.

6. 각색 방법

각색은 아동문학에 대한 기초지식과 아동발달에 대한 심리적인 면, 요즘 아이들의 관심분야 그들의 사고방식 등의 이해의 폭을 알고 어린이들의 올바른 인성 교육의 목표를 가지고 각색을 해야 한다.

1) 내용 각색

- 교육적인 내용으로 각색
- 부정적인 내용을 긍정적인 내용으로 각색
- 시대성을 고려하여 각색
- 어린이들의 생활과 친밀하도록 각색
- 어린이의 연령에 맞는 쉬운 단어와 문장으로 각색
- 평면적인 언어를 활동적인 언어로 각색
- 지루하고 긴 내용은 짧고 간결하게 각색
- 너무 짧은 내용은 첨가하는 방법으로 더 늘여 각색

2) 형식 각색

- 문어체를 구어체로 바꾸어 각색
  ~습니다. 는 ~어요, ~지요,~ 했지 뭐예요,~ 대요 등으로 바꾼다.
- 설명부분을 되도록 대화부분으로 바꾸어 각색

- 간접용어를 직접용어로 각색
- 불필요한 접속사 줄여 각색(예: 그러므로, 그래서, 하지만, 그런데 등)
- 이해하기 쉬운 단어와 문장으로 각색
- 호흡이 긴 문장은 호흡이 짧은 문장으로 각색
- 반복법을 활용한 변화있는 문장으로 각색
- 여운이 남도록 결말 각색
- 마지막 부분 교훈 넣지 말아야 한다.

7. 동화활용 방법

동화구연은 구연자가 아무런 도구를 사용하지 않고 표정과 몸짓으로만 이야기를 들려주는 것이다. 하지만 청자가 어린이이므로 시각적 교육효과와 집중력을 높이기 위해 도구나 운율을 이용하여 동화를 들려주기도 한다.

동화를 잘 분석하여 활용할 수 있는 방법을 생각해 보면 다양한 소품을 사용할 수 있다. 이와 같은 시청각적인 자료는 시각적인 효과를 통해 작품 이해에 도움을 주며 어린이들의 흥미를 높일 수 있어 좋다.

1) 융판동화

동화의 중심이 되는 그림을 선정하여 부직포, 색지 등을 이용하여 그리고, 오려서 뒤에 찍찍이나 자석을 붙여 이야기 줄거리에 맞추어 붙여가며 구연하는 것이다. 융판 동화는 제작, 활용방법이 간단하여 사용하기 편하고 제작 시간과 비용이 적게 들고 자료 제시의 순서에 융통성이 있다. 이는 어린이들이게 시각적, 연상적 동화로 도움이 되는 동화 활용 방법으로 유아교육기관에서 가장 많이 활용되는 교수 매체이다.

하지만 융판자료는 평면적 이여서 입체적인 부분은 묘사하기 어렵고, 섬세한 색깔표현, 배경 묘사가 제한적이어서 부분적으로 묘사할 수밖에 없다. 등장인물의 수가 많거나 복잡한 구성의 이야기는 부적절하다는 제한점도 두고 있다. 그런 동화를 선택했을 때는 등장인물의 일부는 목소리로 처리한다.

동화 제목 : 비오는 날

2) 막대동화

동화 속에 등장하는 인물이나 동물, 사물 등 이야기의 흐름을 계속 이어 나갈 수 있는 포인트를 설정하여 그림으로 그린 뒤 오린다(코팅하여 사용하기도 함). 그림 뒤편에 막대를 붙여 이야기와 함께 등장함으로써 입체적 동화를 들려줄 수 있다. 이때 막대는 보이지 않게 처리하는 것이 좋다(그림 뒤에 숨기거나 하얀색을 처리한다.).

동화제목 : 젊어지는 샘물

3) 인형동화

완구나 인형을 만들어 움직이며 동화를 들려주는 동화 활용 방법이다. 어린이들에게 친구 같은 친밀감, 호기심을 주며 인형을 조정하는 구연자가 복화술 화법을 사용하면 더욱 재미있고, 호기심이 증가한다. 입이 움직이는 것, 팔이 움직이는 것, 한 인형이 두 가지의 인물이 되는 것 등 인형의 종류는 다양하므로 적절하게 선택하면 좋다.

복화술이란 조정자가 입술을 움직이지 않고 복식발성에 의한 다른 목소리 즉 자기의 가성을 (인형의 소리) 내어 마치 인형이 직접 말하는 것처럼 보이게 하여 생동감을 줌으로써 유아들로 하여금 신비감을 갖게 하여 재미있게 진행해 나가는 구연법이다. 인형극의 교육적 가치는

첫째, 인형극은 창의적인 사고, 상상력을 키워준다.

둘째, 어린이에게 표현력을 길러 준다.

셋째, 인형극은 인형이라는 무생물에 자신을 투사해 보는 기회를 갖게 되므로 불안감, 긴장감, 부정적인 감정 등을 해소하는 치료적인 역할을 한다.

넷째, 수줍음이 많은 어린이나 소극적이고 말더듬이 등의 장애행동이 있는 경우 이를 극복하는 데 도움을 준다.

다섯째, 인형극의 여러 상황을 통하여 문제해결의 기회를 제공하며, 인형

놀이를 통하여 문제해결을 연습하게 된다.

여섯째, 어휘력증가와 대화하는 방법을 발달시켜 준다.

일곱째, 인형극은 집중시간을 증가시켜 주므로 학습에 도움을 준다.

여덟째, 다른 영역과 관련이 있어서 창의적으로 새로운 흥미를 갖도록 한다. 즉 미술, 연극, 음악, 이야기하기, 노래 부르기 등을 발달시킨다.

4) 그림동화

그림을 한 장씩 넘기며 들려주는 동화이다. 그림 속에 동화의 내용이 흥미롭게 그림으로 나타나 있으므로 상상을 구체화시키며 이야기를 듣는다. 이는 그림책과 같으나 낱장 그림이므로 다음 장면에 대한 호기심을 자극할 수 있으며 동화를 들려준 뒤 그림을 활용해 어린이들이 직접 이야기를 꾸밀 수 있고 전혀 다른 이야기를 꾸며볼 수 있다.

5) 음률동화

어린이는 동적인 것을 좋아하므로 동화의 내용을 노래와 율동을 통하여 연출하는 표현동화이다. 노래와 율동을 통하여 동화를 들을 때 어린이들은 새로운 예술적 감각을 느끼게 된다. 동화의 내용을 춤과 노래로써 표현하는 뮤지컬 형태의 동화 활용방법이다.

6) 실물동화

어린이들이 이야기의 소재나 주인공을 직접 보며 경험하므로 동화를 보다 생생하게 인지할 수 있어 효과적이다. 동화 속 등장인물을 실물로 보여줌으로써 도와를 사실적으로 느낄 수 있고 동화를 들려준 뒤 학습적으로 다양하게 응용할 수 있다.

7) 앞치마동화

구연자가 특별히 제작된 앞치마를 입고 동화의 내용을 들려준다. 이 때 앞치마는 동화 속 배경(융판)이 되어 등장인물이나 사물이 붙게 되므로 어린이들에게 새로운 시각을 제시한다.

8) 극동화

동화를 역할로 정하여 연극화한다. 이 때에는 동화를 극본으로 개각할 필요성이 있으며 어린이들은 직접 동화 속 주인공이 되어 봄으로써 감정교류를 통해 감정이입을 배울 수 있다.

인형을 통한 극화 활동의 가치는

첫째, 듣는 이의 발달 단계에 따라 다양하게 즐길 수 있다. 이는 등장인물에 대한 동일시를 시작하는 연령의 어린이들에게 인형은 문학과 관련된 활동의 촉진세 역할을 한다.

둘째, 하나의 인형은 다양한 극화 활동에 사용될 수 있다.

셋째, 어린이들에게는 편안하면서도 상상력이 풍부한 이야기 친구가 될 수 있다.

9) 손가락동화

장갑, 양말, 폐품을 활용하여 동화 속 등장인물을 입체적으로 만든다. 동화를 들려주면서 등장인물이 등장하는 데 이때 등장인물 안에 손가락을 넣어 움직인다.

10) TV동화

TV 기본 틀을 만든 후 그림을 연결하여 배경그림을 돌리며 구연함으로써 새로운 분위기를 조성할 수 있다. 마치 TV로 동화를 보는 것처럼 시각적인 효과를 누릴 수 있다. TV틀은 라면 박스를 이용하여 색깔 락카를 뿌리면 되고 화면은 오려내어 그림이 돌아가며 나올 수 있도록 만드는 방법이다. 하지만 이는 그림이 처음부터 끝까지 연결되어 있기 때문에 편집하기 어렵다는 제한점을 가지고 있다.

11) 테이블동화

등장인물을 테이블 위에 등장시켜 테이블이 무대가 되어 들려준다. 책상 위에 등장인물이 이야기 따라 나오면서 움직인다. 연극을 하는 것처럼 책상을 무대로 하여 이야기가 펼쳐지는 동화 활용 방법이다.

동화 제목 : 뒷동산의 할미꽃

12) 그림자동화

빛을 광목 판에 비추어 광목 판 뒤에 있는 등장인물이 그림자가 움직이면서 이야기를 들려주는 동화 활용 방법이다. 등장인물은 모두 까만 그림자로 비쳐지므로 형체로써 누구인가를 감지하여야 한다. 따라서 그림자동화는 상상력을 높일 수 있고 청자는 특별한 느낌을 받을 수 있다.

동화 제목 : 토끼와 호랑이

13) 슬라이드동화

동화 속 등장인물이나 사물의 그림을 준비한 뒤 환등기에 넣고 슬라이드 화면에 띄워 넘겨가며 구연한다. 이는 크게 확대하여 있으며 스크린에 비치는 영상이 아름다워 어린이들이 몰입하는데 효과적이다. 하지만 슬라이드동화는 평면적이고 슬라이드동화를 제시하기 위해서는 교실에 암막 장치를 설치하고 조명을 어둡게 하기 때문에 순간적으로 주위가 소란스러울 수 있다. 또 교사가 어린이의 뒤쪽이나 옆에 앉아 동화를 제시함으로 어린이의 반응을 살피기가 어렵다.

14) OHP동화

OHP동화는 OHP기계에 필름을 올려놓아서 스크린 상에 투사함으로써 어린이들에게 들려주는 동화로 주의집중을 유도하는데 효과적이다. OHP는 암막시설이 없는 밝은 곳에서도 선명한 색을 볼 수 있으므로 장소에 구애받지 않는다. OHP필름에 유성펜으로 그리거나 칼라필름을 오려 붙인 후에 프레임을 붙여서 제작한다.

15) 미술동화

모든 동화는 그림으로 영상 처리된다. 하지만 미술동화는 동화의 스토리가 그림을 그리듯이 그려나가는 방법으로 구성되어 있는 것이 차이다. 따라서 동화를 통해서 미술감각을 익힐 수 있다.

16) 원판동화

동화의 주인공의 행동이 반복적으로 되풀이되는 경우가 있다. 이때에 동그란 원판을 두 개 만들어 가운데를 고정시킨 다음 앞의 원판에는 주인공이 그려져 있어 주인공이 이동할 때마다 뒤쪽 원판을 움직이면서 새로운 장소나 사물이 등장하게 된다.

병아리가 되고 싶어요

17) 자석동화

동화의 배경(장소)을 그림판으로 만들어 놓고 등장하는 인물을 입체적으로 만들어 뒷면에 자석을 붙여서 이야기의 진행 과정을 따라 붙이면서 동화를 들려주는 경우이다. 이 경우 그림판은 자석이 붙는 함석, 철판으로 되어 있어야 한다. 등장인물은 부직포로 만들거나 스텐실로 만든 작은 인형 뒤에 자석을 붙여 만들어도 좋다.

18) 종이접기동화

동화를 종이 접기를 하면서 들려주는 활용 방법이다. 이는 동화 속 등장인물이 비교적 종이 접기에 적당하여야 하며 종이 접기를 하면 입체적인 주인공이 등장하게 되므로 어린이들의 호기심을 자극할 수 있다.

19) 풍선동화

요술풍선으로 등장인물을 만들면서 동화를 들려주는 활용 방법이다. 요술풍선은 크기, 색깔, 모양에 따라 여러 가지가 있으며 이를 동화 속 주인공에게 맞추어 사용하면 된다.

8. 구연을 돕는 호흡과 발성

1) 호흡법

호흡의 종류는 크게 복식 호흡, 흉식 호흡으로 구분한다.

첫째, 복식 호흡은 뱃속 깊이 숨을 들이쉬었다가, 내쉬었다가 하는 호흡으로 보통 배 숨쉬기라고 한다. 이는 동화구연에서 일반적으로 긴장이 없고 편안한 상태에서 깊이 있는 감정을 표현할 때 많이 쓰인다.

둘째, 흉식 호흡은 늑골의 운동에 의해서 행하여지는 호흡 즉, 가슴으로 숨을 쉬는 방법으로 가슴 숨쉬기라고 한다. 이는 동화구연에서 평상시 대화에서 긴장되고 불안하고 초조한 상태에 많이 쓰인다.

이 두 가지를 함께 사용하는 것은 혼합식 호흡이라 하며 평소에 말할 때도 쓰인다. 호흡은 발성을 잘 하기 위한 기본 수단이며 감정을 좀더 잘 표현하기 위하여 필수적으로 훈련해야 한다.

구연을 위한 호흡의 기본 훈련

복식호흡의 연습(들숨 머금숨 날숨)

들숨

상체를 펴고 턱을 당기고 코로 숨을 들이마시는데 배가 불룩해지도록 깊이 숨을 들이마신다.

들어가는 숨을 들숨이라 한다.

머금숨

숨을 들이마신 후 10까지 세면서 숨을 참는다. 이렇게 참고 있는 숨을 머금숨이라 한다.

날숨

참고 있는 숨을 천천히 내뿜는다.

나오는 숨을 날숨이라고 한다.

*숨을 들여마신 후 1부터 30까지 소리내기

(이때 1-20까지는 들숨을 하지 않고 호흡을 늘려간다)

*모음발성 아 에 이 오 우

(입모양을 크게 하여 정확하게 소리낸다. 하루 10회 정도 연습한다)

2) 여러 가지 발성

(1) 어려운 말 발음하기

연습 1) 팥식이네 앞집 밤팥죽씨는 붉은밭풋팥죽에 도전했고 뒷집 콩숙이네 홍콩죽씨는 햇콩단콩콩죽에 도전했다고 합니다.

그리고 마지막 도전자 콩숙이네 옆집 깨숙이네 감깨죽씨는 검은깨들깨통깨복합깨죽에 도전했다고 합니다.

연습 2) 그런데 대회를 관람하던 정란숙씨가 붉은밭풋팥죽, 햇콩단콩콩죽, 검은깨들깨통깨복합깨죽에 모두 성공해 결국 우승 팥죽을 차지했다고 합니다.

오늘 오전 전국식문화 발전협의회에서 이색적인 논쟁이 벌어졌습니다.

연습 3) 이곳을 방문한 박법학 박사와 백법학 박사, 방법학 박사는 자장면을 먹다가 강낭콩을 보고 논쟁을 시작했는데 그 내용은 "강낭콩 옆 빈 콩깍지는 완두콩 깐 빈 콩깍지고 완두콩 옆 빈 콩깍지는 강낭콩 깐 빈 콩깍지다"라는 터무니없는 것이었다고 합니다.

연습 4) 길음역 길음 사거리 길음 기린 전문 그림학원 옆에 있는 길음 기린 전문 동물원 소식입니다.

가을 하늘 귀뚜라미가 밤새도록 귀뚤귀뚤 귀뚜르르 귀뚤뚤뚤 우는 가운데 길음 기린 전문 동물원에서는 올망졸망 똘망똘망한 어린이들이 모여 구름그림 그리기 대회가 열렸다고 합니다.

연습 5) 그림의 주제는 "내가 그린 구름그림은 새털구름 그린 그림이고 네가 그린 구름그림은 뭉게구름 그린 그림이다"라는 문장을 표현하는 것이었습니다.

한편 길음 기린 전문 동물원에서는 기린그림이 아닌 구름그림이 주제였다고 항의가 빗발쳐 내년에는 구름그림 그리기 대회가 아닌 기린그림 그리기 대회를 열기로 했다고 합니다.

연습 6) "저기 저 경찰청 창문 쇠철창살은 녹슨 쇠철창살인가 녹안슨 쇠철창살인가?"라고 말하자 옆에 있던 좀도둑 신현록씨가 "저기 저 중앙청창살 쌍창살 시청창살 외창살 종합청사창살 겹창살"이라고 말해서 서울경찰청에서 때아닌 경찰청 창살과 중앙청창살에 관한 논란이 벌어졌다고 합니다.

이에 서울경찰청에서는 "중앙청창살 외창살 시청창살 쌍창살 종합청사창살 쌍겹창살"이라고 공식 발표했다고 합니다.

연습 7) 땅바닥 다진 닭발바닥 발자국 땅바닥 다진 말발바닥 발자국 넉섬은 넉지에 널따랗게 널으니 넓던 널방석이 널뛰기도 모자라게 됐다.

뇌성이냐 노성이냐 소리 높여 외치던 뇌물 먹은 농촌 진흥청 농예인이 뇌성 뇌일혈로 논길에서 쓰러졌다.

담임 선생님의 담당과목은 화학과목이고 담임 닭은 담임 선생님의 단골집 닭은 주인은 닭장에서 닭 모이 주는 게 그의 취미다.(출처:아나운서 발음, 박은주)

(2) 발성연습

아오 이오 우오 에오(음높이로)

아오아오 이오이오 우오우오 에오에오

이으 유우 요오 여어 야아

가 나 다 라 마 바 사 아 자 차 카 타 파 하

각 낙 닥 락 막 박 삭 악 작 착 칵 탁 팍 학

갈 날 달 랄 말 발 살 알 잘 찰 칼 탈 팔 할

갑 납 답 랍 맙 밥 삽 압 잡 찹 캅 탑 팝 합

말랑말랑 물렁물렁 몰캉몰캉 물컹물컹

딸랑딸랑 떨렁떨렁 콜록콜록 쿨럭쿨럭

빨랑빨랑 팔랑팔랑 쫄랑쫄랑 짤랑짤랑

날콩 날팥 날달걀

아하하하하하하 오호호호호호호

이히히히히히히 우헤헤헤헤헤헤

(3) 음도훈련

도 미 솔 도 미 솔

아 아 아 아 아 아

안녕 안녕 안녕 안녕

안녕하세요 안녕하세요 안녕하세요

(4) 신체부위를 통한 발성

처음부터 여러 가지 목소리를 내기란 어렵기 때문에 동물소리를 가져와서 연결하여 소리를 내어본다.

신체 부위	동물 소리로 연결	가족음성 묘사	음 색 표 현
배 밑 (골반 밑)	어~ 홍 (배 밑, 가슴, 후두, 비강) 구개를 토한 공명한 소리로)	할아버지	안녕하세요 어서들 오너라 먼곳에 가지마라
배 밑 (골반 밑)	음 메헤헤~ (배 밑에서 올라와 가슴부터 조음하여 목을 떨며 미강과 구개로 공명된 소리로)	할 머 니	안녕하세요 우리강아지 착하기도 하지 떠들지좀 말아라
배 (배 전체)	멍 멍 멍 멍 멍 (배 전체가 힘차게 움직이며 가슴, 목, 구개가 소리통이 된다)	아 버 지	안녕하십니까? 자 모두 모이세요 난 아빠에요
배 (배 전체)	아~ (배, 가슴, 목, 코에서 소리를 모아주는 동그란 느낌으로)	어 머 니	안녕하세요 난 엄마에요
가 슴	개굴, 개굴, 개굴 (가슴에서 나오며 구개의 비강을 위로 통한 젊은 느낌의 목소리)	오 빠	안녕하세요 난 축구를 좋아해
가 슴	쪼르릉~, 쪼르릉~ (가슴에서 소리를 울려 비강. 두성, 음으로)	언 니	안녕하세요 난 노래를 좋아해
목	꽉 꽉 꽉 (목에서 누루면서 조음하는 소리로)	남자아기	안녕하세요 엄마, 밥 주세요
목	삐악 삐악 삐익 삐악 (성대는 좁히고 입술에 힘을 주어서 가늘게 내는 소리로)	여자아기	안녕하세요 아, 목말라 우리엄마 어디갔지?

2) 발음법

발음이란 소리를 내는 것을 말한다. 특히 구연은 음성으로 전달되는 것이기 때문에 올바른 발음은 필수적이다. 이는 원활한 의사소통을 하기 위해서이며, 표준발음은 그 사람의 인품을 나타내기 때문이다. 따라서 구연자는 자신의 발음이 어떠한지 먼저 정확히 진단하고 정확하고 바르게 발음할 수 있도록 연습해야 한다.

표준말을 기준으로 구연할 때 각 지방의 특이한 억양사투리를 교정하기가 어려우나 한음으로 소리내어 책 읽기라든지 발음연습을 꾸준히 하면 어느 정도 교정이 가능하다.

3) 화술법

말하기의 능력이라고 할 수 있으며 말의 기술이라 할 수 있다.

즉 이야기를 전달하는 기술, 구연하는 의도, 경험, 정서 등이 청자에게 전달되고 이 과정에서 구연자의 의도대로 청자들이 작품을 이해하고 반응이 나온다면 이는 구연의 효과를 본 것이고 반응이 나오지 않는다면 이는 구연자의 화술이 문제인 것이다. 결국 화술에 따라 청자의 반응과 구연의 효과가 달라진다..

따라서 구연에 있어 화술은

첫째, 청자의 행동과 태도 및 형성에 영향을 미친다.

둘째, 청자의 사고력 형성에 영향을 미친다.

셋째, 복잡한 현대 사회에 적응력을 길러준다.

화술은 구연동화의 생명이라 말할 수 있다. 이야기를 전달하는 직접적인 기술로서 이야기의 맛을 살리는 역할을 한다.

동화의 내용이 재미있어도 전달하는 화술이 부족하면 이야기를 감동 있게 전달할 수 없다.

동화구연은 동화 속 이야기를 감동 있게 전달하는 것인데 목소리가 예쁘다고 잘 하는 것도 아니고 목소리가 거칠거나 쉰 소리를 낸다고 해서 못하는 것도 아니다.

동화속의 이야기에 얼마나 몰입하여 감정을 잘 이입시키고 등장인물의 성격을 잘 소화하여 전달하느냐에 따라 구연을 잘 한다고 말할 수 있다. 음성보다 중요한 것이 감정표현이다. 그러므로 자기 개성과 음성에 맞는 동화를 선택한 뒤 내용을 충분히 이해하고 내용에 적절한 감정을 넣어 이야기를 하면 누구나 구연을 할 수 있다.

목소리의 고저, 강약, 장단, 완급, 호흡처리, 쉼, 느낌말의 적절한 조화로 이야기 맛을 살리도록 한다.

(1) 목소리 설정

우선 동화를 선택한 뒤 내용을 파악한다. 구연할 동화를 선택할 때는 다섯 명이 넘지 않는 것을 선택한다. 동화의 클라이막스 부분이 어디인지, 등장인물과 그 성격을 파악한 후 등장인물에 맞는 목소리 설정을 한다. 해설(지문)은 자기의 자연스런 목소리로 한다. 이야기의 절정부분에서 감정을 끌어올려 감동을 주도록 하나 때로는 적절하게 절제된 음성이 더 진한 감동을 줄 수 있다.

목소리에 번호를 정하여 1번에서 7번까지로 하여 엄지는 1번, 검지는 2번, 중지 3번, 약지 4번, 애지(새끼손가락) 5번, 손바닥 6번, 손등 7번으로 약속을 하여 연습할 수 있다.

1번 아빠목소리 2번 엄마목소리 3번 오빠목소리 4번 언니 목소리 5번 아기목소리 6번 할머니 7번 할아버지 그 외의 음성은 음도로 더 늘려갈 수 있다.

예를 들어 동화속에 아빠, 아저씨, 삼촌 등이 나오면 1번 목소리에 음도 도 레 미 파 솔 라 시 도의 음에서 선택하여 저음 중음 고음을 선택하여 목소리 설정을 한다.

① 자연스런 음성 : 해설(지문)은 자신의 목소리로 자연스럽게 한다.

② 명확한 음성 : 내용이 잘 전달되기 위하여 정확한 발음을 한다.

③ 성격에 맞는 음성 : 사람의 경우 성별, 연령, 성격을 생각하고 동·식물의 경우는 생김새나 특성에 따라 성을 구분하고(여성, 남성) 연령을(어른, 아이들) 구분한 후 성격(착함, 욕심, 투덜 등)을 부여하고 그에 맞는 목소리 연출을 한다.

④ 변화있는 음성 : 상황에 따라 목소리 변화를 준다. (장단, 고저, 강약, 완급)

⑤ 적절한 느낌의 말 : 기쁨, 놀람, 슬픔 등의 감정 표현

(2) 띄어 읽기의 중요성

띄어 읽기를 잘 해야 이야기의 의미가 잘 전달된다. 어린이가 동화구연을 하면 띄어 읽기를 잘하게 되고 그것은 문맥을 잘 이해하고 있다는 것이다. 바로 듣기, 말하기, 읽기, 쓰기의 바탕이 되고 논리의 기초가 다져지는 것이다.

첫째, 주어와 술어는 구분되게 한다.(주어를 수식하는 것은 한숨에 읽는다.)

- 학교에서 돌아온 훈이는/가방을 휙 던지고 나가려다 엄마에게 붙들렸어요.
- 고개가 숙여져 위를 볼 수 없는 엄마 벼는/몹시 궁금한가 봐요
- 숲속에/뽐내기를 좋아하는 우쭐이라는/ 사슴이 살고 있었어요.(X)
- 숲속에/뽐내기를 좋아하는 우쭐이라는 사슴이/살고 있었어요.(O)

둘째, 띄어 읽기를 잘 하지 못하면 의미가 달라질 수도 있다.

- 그 새끼양을/ 잘 키워야 할텐데!
- 그 새끼/ 양을 잘 키워야 할텐데!
- 나는/ 인호와 미경이를 때렸다.
- 나는 인호와/ 미경이를 때렸다.
- 철이가/ 울면서 떠나는 순이를 배웅했다.
- 철이가 울면서/ 떠나는 순이를 배웅했다.

셋째, 띄어 읽기 연습

아기 벼는/형편없이 찢겨진 허수아비의 모습이 측은했지만/허수아비가 아는 체 하는 것이 못마땅해/볼멘 소리로 말했어요.

"난, 알찬 쌀이 될 수 있지만, /할아버진/비바람 속에서 잘 견디어내면/무엇이 되나요?"

(3) 속도의 중요성과 강약

[말의 속도가 중요하다.]

동화를 들려줄 때 듣는 청자(어린이)가 생각으로 그림을 그릴 수 있는 시간을 가질 수 있는 속도가 되어야 한다.

너무 빠르게 구연하면 집중하기가 어려워지고 내용을 다 이해할 수 없다.

한 문장 이 끝나면 마음속으로 하나 둘 셋을 세는 정도의 속도가 필요하나 내용상 긴박한 경우는 속도를 당겨서 구연한다.

(4) 리듬감 살리기

낱말의 반복, 사건의 반복으로 리듬감을 살린다.

의성어, 의태어, 모성의 적절한 사용으로 리듬감을 살린다.

과장법, 점층법으로 리듬감을 살린다.

(5) 내용과 분위기에 따른 목소리 변화

동화구연에서 접속사는 가능한 한 생략하는 것이 좋다.

그러나 써야 할 경우 이야기의 전개방향에 따라 접속사의 목소리가 달라져야 한다.

접속사 뒤에 오는 상황에 따라 밝거나, 어둡게 표현한다.

(6) 나열할 때

끝 단어의 음을 약간 낮춤으로써 나열이 끝남을 느끼게 해준다.

펄펄 눈이 옵니다. 산에도 들에도 지붕에도/하얀 눈이 소복소복 쌓이고 있었어요.

(7) 문장의 위치에 따라서도 말의 느낌이 많이 달라질 수 있다.

- 부엉이 집에 불이 났어요. 다람쥐는 쪼르르 나무를 타고 내려와 소리쳤어요.
  "불이야, 도와주세요."
- "불이야, 도와주세요. 부엉이 집에 불이 났어요."
  다람쥐는 쪼르르 나무를 타고 내려와 소리쳤어요.

(8) 음악을 이야기 속에 넣을 경우

1) 내용과 관계 있는 것으로 하되 가사나 곡이 정확해야 한다.
2) 자연스럽게 한다.
3) 길어지지 않도록 한다.

(9) 대화와 지문의 관계

설명이 많은 부분은 직접 화법을 서서 생동감 있게 고친다.
대화나 실제 우리들이 사용하고 있는 살아있는 말을 써야 자연스럽다.

- 화자의 성격을 파악해서 성격이 잘 표출될 수 있도록 한다. (급한 사람, 느린 사람, 착한 사람, 화난 상태, 즐거운 때 등)
- 적절한 느낌말을 넣어 생동감 있게 표현한다.
  감정느낌 → 기쁜, 놀람, 슬픔(아니, 저런, 아, 아이구…)
- 쉼도 대화다
  긴 호흡, 쉼은 긴장감을 준다.
- 울면서 말할 경우 주의점
  너무 울먹이면 발음이 불명확해져 내용전달이 잘 안된다.
  처음에 좀 울다 분명한 발음으로 내용을 전달하고 또 흐느끼고 하는 등 우는 분위기 연출을 한다.
- 원근처리

"달님 아줌마 ! 달님 아줌마."

- 쓸데없이 장음을 하지 않는다.

부드러…운솜(X) 아름다…운 꽃(X) 즐거…운 소풍날(X)

(출처: 한국동화구연아카데미. 배동익)

4) 화술에 있어 구연자가 고려해야 할 사항

화술에 있어 구연자가 반드시 고려해야 하는 할 사항은

첫째, 자신의 목소리를 살려야 한다.

둘째, 명확하고 분명한 음성이어야 한다.

셋째, 다양한 목소리를 연출해야 한다.

넷째, 작품 속 등장인물과 동일시되어야 한다.

다섯째, 청자의 수준과 능력을 고려해야 한다.

여섯째, 주어진 시간을 고려해야 한다.

9. 동화구연에서의 동작 언어

1) 동작 언어의 중요성

언어에는 음성언어, 동작언어가 있다. 이는 상호 보완적인 관계로 음성과 동작은 함께 이루어지는 것이다. 음성언어는 정적이고 평면적인 반면, 동작 언어는 신체를 움직여야 하므로 동적이며 입체적이다.

2) 동작 언어의 목적

동작 언어의 목적을 제시하면 다음과 같다.

- 청자의 주의를 끌기 위해서이다.
- 이야기의 흥미를 돋구기 위해서이다.
- 전달하려는 내용의 의미를 강조하기 위해서이다.

- 불필요한 말을 생략하기 위해서이다.
- 이야기의 입체감을 살리기 위해서이다.
- 청자의 상상력과 창의성을 살리기 위해서이다.
- 작품의 분위기를 살리기 위해서이다.

3) 동작 언어의 종류

구연에서 필요한 자세, 용모, 제스처, 얼굴 표정 등이 있다.

자세

첫째, 편안하고 자연스러운 자세로 선다.

둘째, 상체를 약간 구부린다.

셋째, 양손은 달걀을 쥔 듯한 모양을 취한다.

용모

구연에서의 용모는 얼굴의 생김새를 말하는 것이 아니라 구연자의 단정함을 말하는 것이다.

시선

구연자의 시선은 구연에 있어 매우 중요하다. 눈 맞춤은 구연자와 청자간의 신뢰감을 심어주고 서로에게 정서적 안정감을 주기 때문이다.

제스처의 기능은

첫째, 구연자의 긴장을 해소시켜 준다.

둘째, 구연의 내용을 보충해 주는 보조적 기능을 한다.

셋째, 청자들의 주의를 집중시켜 준다.

넷째, 내용을 암시하는 기능을 한다.

얼굴표정

구연자는 얼굴의 생김새에 관계없이 온화하고 밝은 얼굴 표정을 가지고 있어야 한다.

얼굴 표정의 기능은

첫째, 구연자 자신의 심리 상태를 알려준다.

둘째, 청자의 호기심을 자극한다.

셋째, 이야기를 흥미 있고 재미있게 만든다.

넷째, 전달하고자 하는 내용과 의미를 더 강조해 준다.

다섯째, 작품 속 등장인물의 심리 상태를 제대로 파악한다.

여섯째, 감동의 여운을 제대로 느끼게 한다.

10. 구연 자세

1) 자세

- 일어선 자세로 구연할 때 - 발을 어깨넓이보다 작게 벌리고 자신의 몸을 지탱할 만큼 편안하게 선다. 상체를 약간 구부리고 두 손은 동그랗게 자연스럽게 쥔 상태로 팔은 털어서 자연스럽게 내린다.
  이야기가 시작될 때는 상체가 자연스럽게 앞으로 약간 구부려 시작한다.
- 앉아서 구연할 때 - 어린이들 시선에 부담되지 않도록 45도 정도 선에 눈높이를 맞추어 준다.

2) 얼굴

- 45도 각도의 미소를 지으며 구연을 시작하도록 한다.(예: 위스키)
- 이야기를 처음 시작할 때 최대한 활짝 웃는 표정으로 시작한다.
  이야기의 전개에 따라 웃는 대목이 없을 수도 있다.
- 머리를 단정히 한다.

3) 시선처리

- 얼굴의 방향과 눈의 방향을 일치시킨다.
- 내용에 따라 시선을 움직여 준다.
- 눈은 이야기를 듣고 있는 사람들과 마주치면서 아주 천천히 골고루 쳐다보아야 한다.
- 너무 많이 움직이면 산만해 보인다.

4) 손과 팔

- 대략 1분당 한번의 제스추어를 하도록 하지만 내용에 따라 자연발생적인 움직임은 어느 정도 허용할 수 있다. 그러나 산만하지 않게 움직이도록 한다.
- 양팔은 대각선으로 양 어깨에서 45도 각도로 펴 본다.
  배꼽 위 양 팔을 벌린 안에서 팔과 손과 손가락을 움직여 여러 가지를 표현한다.
  두 손을 올렸다 내릴 때는 손을 모아 몸에 스치며 내린다.
- 손가락 - 방향, 지시, 모양, 차례, 수
  엄지손가락으로 : 최고다, 크다, 좋다
  새끼손가락으로 : 약속하다. 작다, 약하다

5) 목

고개를 끄덕이면 : 맞다, 좋다, 알았다, 그렇게 하겠다.
고개를 좌우로 흔들면 : 아니다, 싫다, 모르겠다.
고개를 갸우뚱하면 : 이상하다, 잘 모르겠다, 생각한다.
고개를 푹 숙이면 : 잘못했다, 속상하다, 슬프다, 졸린다.
고개를 젖히면 : 신난다, 하품이 나온다.

6) 어깨와 가슴

- 잔뜩 움츠리거나 펴는 것으로, 또는 으쓱거리면서 감정을 표현한다.

7) 허리와 배

- 허리를 구부리거나 배를 내밀어서 기어가는 모습, 노인흉내 등을 낼 수 있다.
  허리를 굽힘 : 노인모습, 아첨, 배 아픔 등
  배를 내민다. : 으스댄다. 뚱뚱하다. 배가 부르다

8) 몸 상체

몸도 움직임에 있어서 양 좌우 움직일 때 45도의 각도를 유지하는 것이 안정되어 보이고 위를 보거나 아래를 볼 때도 각도를 유지한다.

9) 발과 다리

- 발과 다리는 구연을 할 때 될 수 있는 한 움직이지 않는다.
- 다리의 모양은 동화속 등장인물에 따라 동물이거나 노인을 나타낼 때는 구부려서 실감나게 표현한다.
- 구연을 하다가 발을 옮기면 중심을 잃기 쉬워 당황할 수 있다.

10) 대회시 인사하기

마이크에서 뒤로 물러난 거리에서 천천히 머리를 숙이고 마음속으로 하나 둘 셋을 세고 천천히 머리를 들면서 발을 살짝 떼며 양손을 늘어뜨린다.
팔을 들지 않도록 주의한다.

11) 동화구연가로서의 마음의 자세

1) 어린이를 사랑해야 한다.
2) 이야기를 좋아하여야 한다.

3) 어린이 세계를 알아야 한다.
4) 철저한 준비를 하여 자신감을 가져야 한다.
5) 용기가 필요하다.
6) 자신을 알고 청중을 알아야 한다.
7) 다정하고 안정된 모습으로 어린이 앞에 선다.
8) 구연가는 예술가이며 교육자다.
9) 아동문학, 동화이론, 아동심리, 표준발음 등 동화와 관련된 넓은 지식을 위하여 늘 연구하고 자신을 업그레이드 한다.

11. 동요 지도법

동화, 동시, 동요를 어린이들에게 보급하는 것도 중요하다.

요즘의 아이들이 우리나라의 고운감성의 동요를 잘 모르고 있거나 잘 부르지 않는데 동시로 쓰여지고 곡이 붙여진 동요를 즐겨 부르도록 도와야 한다.

어린이들에게 동요를 부르게 함으로써 여러 문화에 대한 지식과 자신에 대한 정체감 형성에 도움을 주며, 어린이들의 신체적·정서적 안정, 창의력, 언어의 발달 등에도 효과가 크다. 동화를 들려줌에 앞서 동요를 부르게 하는 것도 도입의 즐거운 시간이 될 수 있다.

1) 노래 지도

(1) 노래 선정의 조건

- 들려주기 위해 선정된 동화와 관련된 동요
- 노래의 내용의 유아의 생활경험과 관련된 내용
- 자연이나 계절, 놀잇감, 동 식물, 신체, 가족, 친구 등 아름답고 음악성이 있는 것
- 율동적이고 박자와 리듬이 명확한 것이 좋다.

- 멜로디, 노랫말, 리듬의 형식이 반복되는 것
- 머리 어깨 무릎 발, 엄지 어디 있어
- 노래의 길이가 되도록 짧고 단순한 것
- 유아들의 음역에 적절한 노래
- 유아들이 좋아하는 노래의 내용
- 노래 속에 재미있는 이야기(곰 세 마리, 작은 흰 쥐, 쥐와 고양이)
- 유아의 이름을 넣어 부를 수 있는 노래
- 교사나 다른 유아들과 대화체로 주고받으며 부를 수 있는 문답식 노래
- 빠르고 생기 넘치는 것, 느리고 분위기 있는 것, 행진곡 등 다양한 노래

(2) 새 노래 지도방법

- 가르치고자 하는 노래는 일상생활 속에서 미리 들려줌으로써 익숙하게 만든다.
- 휴식, 간식, 자유활동 시간에 자연스럽게 들려준다.
- 노래와 관련된 자료를 준비하여 동기유발을 돕는다.
- 악보, 동화, 수수께끼, 그림, 융판자료, 실물 등의 자료를 풍부하게 준비한다.
- 퀴즈로 접근하기
- 유아들에게 가르치기 전에 교사는 노래를 완전히 외우고 자신감 있고 풍부한 표정으로 노래하여 시범을 보인다.
- 노랫말과 관련된 이야기나 개념에 대해서 이야기를 나누면서 노랫말에 대한 이해를 돕고 유아들의 경험과 연결시킨다.
- 반주 없이 노래의 전체를 불러 주거나 녹음된 노래를 들려준다.
- 음의 높낮이와 박자가 정확한 교사의 음성으로 들려준다.
- 어린 유아는 반주에 맞추어 가락에 따라 부르는 것이 힘들기 때문에 반주 없이 성인의 노랫소리에 따라 부르게 한다.
- 교사가 부를 때 유아는 작은 목소리나 콧소리, 입만 벌려 따라 부르기

- 라라라, 루루루 등 유아들이 원하는 말로 멜로디 익히기
- 앞에 나와 부르기, 나누어 부르기 등 유아를 적극적으로 참여시켜 흥미를 유발
- 문답형식, 의성어, 역할 등을 교사와 유아가 나누어 부르기
- 한 소절씩 나누어 가르치기보다는 전체적으로 부르며 가르치기
- 전체적으로 두세 번 불러본 후 어렵거나 자꾸 틀리는 부분에 대해 부분적으로 따로 떼어 가르치기
- 음악적 요소들을 개념화할 수 있도록 몸으로 함께 나타내 본다.
- 크게, 작게, 빠르게, 느리게 등의 개념을 몸으로 동작을 함께 나타내며 노래 부른다.
- 알맞은 숨쉬기와 자세를 갖추고 똑똑한 발음으로 감정이 넘치게 노래하도록 지도한다.
- 유아들이 부르는 노래나 찬트 등을 녹음해서 들려준다.
- 노래가 익숙해지면 여러 가지 다양한 변형이나 창의적인 활동을 시도하여 흥미와 즐거움을 더한다.
- 노래의 리듬이나 노랫말에 맞추어 율동적으로 움직이기
- 흥미 있는 부분을 다양한 리듬 악기로 연주하기
- 손뼉치기나 발구르기
- 노래의 한 곳에 강세를 두거나 빠르게, 느리게, 크게, 작게 변화시켜 부르기
- 원래의 노랫말에 새 노랫말을 만들어 넣기

(3) 지도상의 유의점

• 한 번에 완전히 다 배우게 하지 말고 다섯 번 이상 반복하지 않는 것이 좋다.
  - 여러 날에 걸쳐 수시로 반복하여 친숙해지도록 한다.
  - 피아노 외의 다양한 악기를 사용

- 기타, 우크렐레, 트라이앵글, 우드 블록 등 현악기나 단순한 리듬악기를 다양하게 사용
- 악기에서 나는 소리 자체도 탐색의 기초
- 노래보다 반주소리가 더 커서는 안 된다.
- 반주를 강하게 하면 멜로디나 노래의 내용을 파악하기 어렵다.
- 교사는 유아들과 얼굴을 마주 대할 수 있도록 한다.
- 교사 자신이 노래 부르기를 즐겨 하고 음악에 대한 열정을 가지는 것이 무엇보다 중요한 분위기로 작용한다.

(4) 교육활동 계획 및 운영

• 새 노래 부르기는 대집단 활동으로 계획
  - 3세 유아 : 소집단, 다른 사람과 어울려 노래 부르기
  - 듣기 활동으로 자신감이 생기고 자유스러움을 느끼게 한다.
  - 학기 초에는 짧고 단순한 노래를 쉽게 배우도록
  - 새 노래 배우기는 익숙한 노래를 몇 곡 부른 후에 도입
  - 노래 시간을 정할 때는 전후 활동을 고려하여 계획
  - 체조, 율동을 한 후에 숨이 차서 호흡조절이 안 되므로 노래 부르기가 힘들다.
  - 노래 시간의 길이는 5~15분 정도가 적절
  - 느린, 빠른 노래, 조용한, 활동적인 노래 간에 균형을 이루도록
  - 한 번 앉은 자세에서 너무 오래 부르는 것은 좋지 않다.
  - 여럿이 함께 부르는 즐거움을 알게 하고, 혼자 튀는 목소리라고 해서 무안을 주지 않도록 한다.

12. 어린이 동극지도법

동화를 듣고 상상력을 키워 주고 경험을 풍부하게 하며 표현력과 창의력

을 길러 주기 위한 동극은 동화를 즐기는 가운데 언어발달에 중요한 역할을 한다.

1) 활동의 운영

(1) 동화 선정하기

• 좋은 동화의 선정 기준

① 유아의 이해능력과 발달수준에 맞게 선정한다.

② 동화 내용이 건전하며 도덕성을 길러줄 수 있는 내용

③ 유아의 지식과 경험을 풍부하게 하는지의 여부

④ 쉽고 반복적이며 리듬이 있는 언어로의 구성

⑤ 그림이 이야기의 전개를 알기 쉽게 나타내고 있는가

⑥ 선명한 주제

⑦ 인물구성이 적절

⑧ 재미있는 이야기

⑨ 예술적인 그림을 포함

⑩ 극놀이나 토의 등과 같은 후속활동에 쓰일 수 있는 내용

(2) 동화 들려주기

동화 들려줄 때, 다양한 매체를 사용

- 구연동화, 막대인형 동화, 그림동화, 테이블 인형 동화, 손인형 동화, 앞치마 동화, 손가락 동화, 그림자 인형 동화, OHP 동화, 비디오 동화

  * 동화 들려줄 때 유의점

- 일주일에 2~3회 정도, 주제와 관련지어
- 매일 동화만 들려주기보다는 동시 등 다른 장르의 문학작품을 이용하거나 동극과 같은 후속활동과 함께 전개
- 다양한 유형의 동화를 선정 : 실제 이야기, 상상 이야기, 전래동화
- 지나친 성대모사는 내용의 조화를 깨트림

- 너무 평이한 음성은 지루함
- 목소리의 변화보다는 내용에 몰입하는 것이 중요
- 정확한 발음으로 자연스럽게, 은어나 유행어는 금지
- 유아들의 반응을 살펴가며 반복적인 대사 등은 유아와 함께
- 동화 들려주는 도중에 주의집중하거나 지나치게 교훈적인 내용을 반복하는 일은 피할 것
- 동화를 들려준 후, 바로 느낀 점을 이야기하게 하는 것은 좋지 않다.
- 동화가 끝난 후에 자료만을 이용하여 이야기를 다신 한번 해 볼 수 있는 기회를 제공
- 이야기의 전개, 주인공의 행동에 관한 질문
- 유아가 이야기를 완전히 기억하는지 여부를 확인하고자 해서는 안 된다.
- 유아가 동화를 듣고 느끼는 것만으로 충분한 가치
- 유아가 스스로 만든 동화가 있을 경우, 친구들과 공유하도록 들려주기
- 동화를 들려준 후, 그와 관련된 동화책을 도서영역에 내주는 것이 좋다.

2) 동극의 특성

- 동극은 유아들이 동화의 내용을 직접 극화해 보는 것
- 유아 스스로 느낌, 생각, 감정 등을 표현할 기회
- 극중 인물과의 동일시를 통해 이타적인 사고가 가능
- 동극의 경험을 통해 유아는 자신을 알게 되고 여러 가지 경험을 해 봄으로써 새로운 지식을 탐색
- 친구들과 협동의 기회를 가지게 됨으로써 사회성 발달에 도움

(1) 동극의 교육적 가치

① 이야기의 내용을 이해하고 창의적으로 표현해 본다.
② 친구들과 협동하여 하나의 활동을 완성하는 기회를 가진다.
③ 다양한 역할을 해 봄으로써 타인에 대한 이해 능력을 기른다.
④ 친구들이 하는 동극을 감상하는 기회를 가진다.

(2) 동극에 적절한 동화를 선택하기 위한 조건

① 길이가 짧고 반복적인 대화체로 이루어진 이야기
② 역할을 행동으로 표현하기 쉬운 이야기
③ 다양하고 등장인물이 많은 이야기
④ 전개과정이 명확한 이야기

3) 동극의 운영

(1) 동화 선택 및 각색하기

- 동극에 적절하도록 동화를 각색
- 긴 설명 부분을 삭제하고 간접 화법으로 쓰여진 부분을 직접 화법으로 고치는 등의 각색

(2) 동화 들려주기

- 동화를 유아에게 들려줄 때는 동극을 위한 것임을 미리 알려서 유아가 마음의 준비를 할 수 있게 한다.
- 동화를 들려주고 난 뒤에는 동화에 들어 있는 사건의 줄거리와 주인공, 사건의 순서 등을 회상해 볼 기회를 가진다.
- 동극에서 나오는 대사를 함께 말해 본다.

(3) 계획하기

- 동극을 하기 위해 무엇이 필요한지, 어떻게 준비해야 할지에 대해서 의논하고 역할을 분담한다.
- 무대 구성하기
  - 어떻게 무대가 구성되어야 하는지, 무엇이 필요한지 의논하고 소품을 이용하여 무대를 꾸민다.
  - 사용되는 소품은 교실의 교구를 사용하거나 미술시간에 유아들이 만들 수도 있다.

- 배역을 맡은 유아가 할 수도 있고 다른 유아들이 할 수도 있다.
- 너무 수줍고 동극에 참여하기를 꺼리는 유아가 있다면 무대 꾸미기에 참여하거나 스스로 소품으로 역할을 맡을 수도 있다.

• 배역 선정하기
  - 등장인물이 누구인지 이야기한 후 적절한 배역을 결정한다.
  - 유아들이 결정할 수도 있고 교사가 지명하여 결정할 수도 있다.
  - 교사는 여러 가지 배역을 돌아가면서 유아들이 모두 경험할 수 있도록 한다.

(4) 동극하기

- 배역을 맡은 유아들이 자기소개를 한다.
- 동극의 시작은 교사나 유아가 알린다.
- 교사는 적절한 개입으로 극의 진행을 이끌어 줄 수 있다.
  (대사를 속삭여주기, 장면 시간의 변화를 알려주기)
- 유아가 대사를 할 차례임을 인식하지 못하는 경우에도 교사 도와준다.
- 대사가 없는 동작의 경우
- 시간의 변화
- 장소의 변화
- 대사는 대본과 똑같이 하지 않아도 됨을 말하여 즉흥적으로 만든 대사를 표현했을 때는 창의적 표현을 격려
- 극의 마지막을 알리면 유아들은 무대에 한 줄로 서서 인사한다.

(5) 평가하기

- 관객으로 참여한 유아들이 관람 소감을 이야기한다.
- 어느 부분이 가장 재미있었니?
- 교사는 모든 유아가 열심히 하였음을 인정하고 격려해야 한다.
- 동극을 발전시키기 위한 의견을 묻는다.
- 더 재미있게 하려면 어떻게 하면 좋을까?

- 무대를 어떻게 바꿔 보면 좋을까?
  - 동극을 비디오로 촬영하여 자기가 동극한 모습을 감상할 수 있다.

(6) 재공연

- 유아들이 원하고 시간이 허락할 때 재공연을 할 수 있다.
- 재공연은 자유놀이 시간 중에 원하는 유아끼리 이루어질 수 있게 허락한다.
- 옆 반 친구나 동생들을 초대하여 공연을 보여주면 유아들이 새로운 느낌을 가질 수도 있다.

(7) 정리

- 공연이 끝난 후 무대를 꾸미기 위해 사용하였던 물건과 소품을 제자리에 가져다 정리한다.
- 동극에 사용된 소품은 흥미영역에 놓아줄 수 있다.
- 동극에 사용했던 동화책을 도서영역에 비치해 둔다.
- 동극에 필요한 소품을 유아가 준비하기 위해 너무 많은 시간을 사용하는 것은 유아를 지루하게 만들 수 있다. 꼭 필요한 소품만을 준비하도록 활동을 제공한다.

13. 동시 지도법

동시가 주는 교육적 효과

- 동시에 나타난 반복적인 어휘, 운율, 리듬에 의해 언어적 즐거움과 정서적 안정감을 갖는다.
- 언어의 아름다움을 느끼게 하고 예술감을 익힌다.
- 동시가 주는 감성으로 상상력을 자극하고 자신의 감정표현에 자유로워진다.
- 글쓰기 능력을 향상시킨다.

1) 동시의 선택

동시를 선택할 때는 유아들의 경험에 기초한 시를 선택할 때 아이들의 공감대를 얻어 호응을 얻을 수 있다.

2) 지도법

- 동시를 매일 낭송해 준다.
- 아동수준에 맞는 다양한 주제를 가진 동시를 들려주어 안목을 넓힌다.
- 동시를 들려주고 의견을 나눈다.
- 반복해서 낭송하는 기회를 제공한다.
- 동시로서만 매일 즐기도록 하고 세부적인 분석이나 질문은 피한다.
- 동시판 등의 교구를 만들어 즐거움을 더할 수 있다.

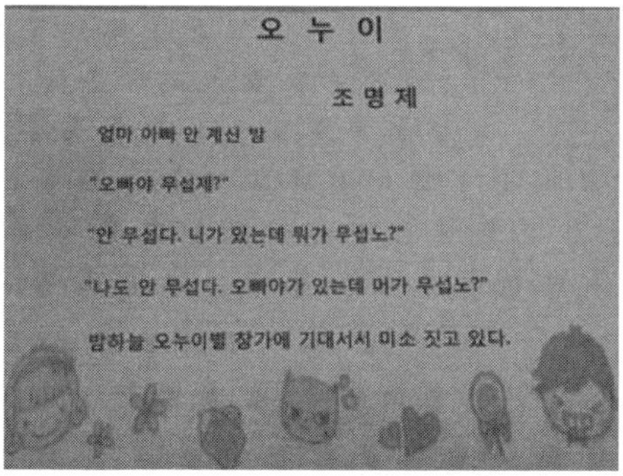

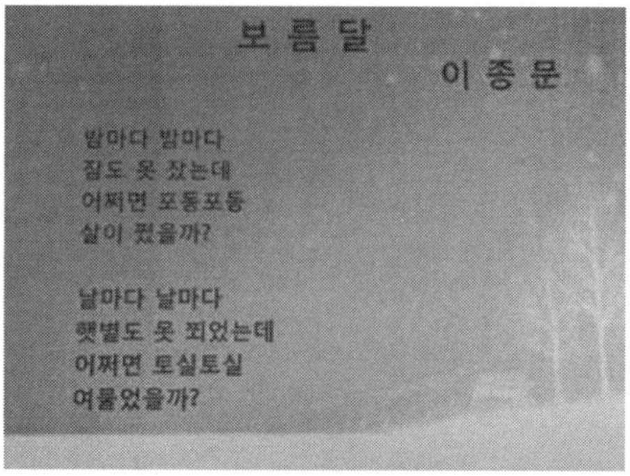

옛날 옛적

변정원

옛날옛적
간날 갓적
가느다란 눈으로
시작되는 할머니의 옛날얘기

주름진 입술타고
내려오는
담배피는 호랭이

듬성듬성 빠진 이 사이로
들락거리는
꾀 많은 토끼
어제한 얘기를 잊으셨나
또 옛날옛적

간날 갓적
날마다 재밌다

옛날이야기 깊어가고
할머니의 주름도 깊어가고
호랑이도 순해진다

깊어가는 까만밤에
할머니도 호랑이도
잠을 자고
옛날이 되었다.

14. 인형극

1) 인형극의 교육적 가치

(1) 어린이의 세계를 그려내며 입체적이고 생동감이 있다.
(2) 인형을 보는 어린이들은 인형을 실제 살아 있는 것처럼 느끼고 어린이에게 하나의 인격체로 접근하여 대화가 이루어질 수 있다.
(3) 메시지 전달이 용이하다.
(4) 등장인물과 동화되어 간접경험을 하게 된다.
(5) 행복해진다.

2) 인형극의 목적

어린이들에게 인형극을 통한 메시지 전달을 위해 가장 많이 사용되고 있다. 예를 들면 성교육(만지지 마세요), 유괴예방(따라가지 말아요) 등의 인형극을 통해 자신을 지키는 법을 배우고, 이외에도 세계명작을 감상하기도 한다.

3) 인형극에 사용되는 인형의 종류

(1) 손 인형극
(2) 줄 인형극
(3) 막대 인형극
(4) 그림자 인형극
(5) 손가락 인형
(6) 탈 인형
(7) 기타 : 인형극을 위해서는 모든 것이 인형이 될 수 있다.

4) 인형극의 준비

(1) 기획 및 연출

인형극이 어디에서 무슨 목적으로 공연되어야 되는지에 대해 확실하게 알고 철저하게 기획한다. 예를 들면 교회, 유치원, 어린이집, 시설, 학교 등을 고려하여 그곳에 적합하도록 차질없이 준비한다.

(2) 극본 쓰기

이미 나와 있는 대본을 쓰기도 하지만 상황과 환경에 맞도록 각색한다.

(3) 인형의 준비

등장인물을 만들기도 하고 구입할 수도 있다.

인형의 옷이나 소품을 점검하고 너무 사실적인 의상보다는 애니메이션의 느낌을 주는 옷과 소품도 예를 들면 칼이라 하면 사실적 모양으로 만들어진 장난감 칼보다는 만든 개성 있는 것으로 준비한다.

(4) 인형연기

인형은 가만히 있으면 생명이 없어지고 살짝 움직여도 생명이 생기는 존재이다. 인형이 등장할 때는 무언가 중얼거리거나 노래를 부르면 나오고 불쑥 등장하거나 퇴장하지 않고 계단을 밟듯이 올라오거나 내려가는 형태로 좌우에서 등·퇴장한다.

인형의 연기는 조금 과격한 형태로 하는 것이 실감이 나고 인형끼리 대화를 한다고 해서 계속 마주보면 관객은 흥미를 잃을 수 있다.

서로 마주보다가 관객을 보며 이야기하는 모습으로 연기하며 입모양은 기본적으로 두 글자당 한번 벙긋하면 적당하다.

(5) 성대모사(대사)

복식호흡으로 인형의 모습에 걸맞게 구연하며 충분히 연습해 두어야 한다.

(6) 무대 및 조명 효과, 음향

무대는 관객보다 20-30cm 위로 올리고 인형이 있는 쪽은 밝게 관객 쪽은 어둡게 하여 집중되도록 한다. 음향은 대사에 적절하게 CD에 차례대로 녹음한다. 특히 인형극 시작 전 관객들이 입장할 때 어수선한 분위기를 음악으로 잡을 수 있고 공연이 끝나고 나서도 음악이 필요하므로 준비해 둔다.

(7) 공연

연습을 충분히 하여 실수가 없어야 하나 현장에서 공연하다 보면 여러 가지문제가 생긴다. 인형의 팔이 빠지거나, 마이크가 작동되지 않거나 등의 어려움이 생길 수 있으나 당황하지 말고 임기응변할 수 있어야 한다.

인형극은 무엇보다도 공연자들간에 호흡이 중요하고 배려하고 서로 돕는 자세로 임해야 실수를 줄이고 성공적인 공연을 할 수 있다.

(8) 평가

공연실황을 녹음하여 들어보며 실수를 보안한다.

관객들의 반응과 사후 평가를 나눈다.

(9) 복화술

복화술의 기본

- 철저한 훈련
- 인형의 연기력
- 유머와 재치, 극화능력
- 언어의 순발력

복화술의 방법

- 먼저 이를 붙이고 그 상태에서 입술을 살짝 엽니다. 얼굴에 살짝 미소를 지으며 말한다(안녕~).
- 바른 소리가 나오지 않는 발음은 술사가 정정하여 물어봐 준다.(예: 니나리-미나리)

호흡법

흉식호흡과 복식호흡으로 나누어지는데 복식호흡을 한다.

복화술대화의 방법

- 음도의 훈련이 잘 되면 능숙한 구사 가능

- 인형의 모습에 알맞는 소리
- 일반화법(복화술사)
- 상반된 소리(대역인형)
- 인형은 가만히 있으면 생명이 없어지기 때문에 계속 움직인다.
- 복화술사의 표정관리
- 마이크가 있는 경우는 인형에게도 마이크를 사용하면 더 실감이 날 수 있다.

〈인형극 · 동극을 위한 대본 모음〉

❣황소가 된 돌쇠❣

등장인물 : 돌쇠, 엄마, 노인, 황소, 농부, 남자, 여자

– 1막 –

음 향

해 설 : 옛날 옛날 한 옛날 아주 아주 깊고 깊은 산골 마을에 엄마와 돌쇠라는 아이가 살고 있었어요. 허허 그런데 이 돌쇠는 장가갈 나이가 되었는데도 일은 안하고 먹고 자고, 자고 먹고 게으름만 피우길 좋아하지 뭐에요. 여기에도 그런 친구 있나요?(없다구요?) 그럼 오늘은 돌쇠에게 어떤 일이 벌어지는지 어디 한 번 지켜볼까요?

음 향

엄 마 : 돌쇠야~~ 돌쇠야~~!!
아니 우리 돌쇠 어디 간겨~~ 돌쇠야!!! 돌쇠야!!!(코고는 소리가 들림)
아니, 우리 돌쇠 코고는 소리 아닌겨? 해가 중천에 떴는디 아직 자고 있네!
친구들! 이 아줌마 혼자서는 우리 돌쇠를 못 깨우겠으니 여러분이 같이 깨워줘유~ 알았죠? 내가 시작 하면 돌쇠야! 하는 거예요!
자! 시작 ~ ~돌쇠야~~

음 향(코고는 소리)

돌 쇠 : (코를 곤다) 드르렁, 드르렁

엄 마 : 아휴, 돌쇠야! 어서 일어나지 못혀??

돌 쇠 : 아이구 깜짝이야~ 엄니! 아침 먹고 아직 한 시간도 못 잤는디 왜 자꾸 불러유.

엄 마 : 뭐야? 어서 일어나지 못해? 어서 서당 가야지~~

돌 쇠 : 엄니, 오늘은 서당 안가고~ 그냥 집에서 잠이나 자면 안 될까유?

엄 마 : 아니, 그런 소리하지 말어.. 아 서당 가서 글공부
열심히 하고 훌륭한 사람 되어야지. 그렇죠, 여러분!

돌 쇠 : 어휴! 엄니, 지는 공부하기 정말 싫어유~. 엄니가 해주는 밥 먹구유, 먹고 자고, 자고 먹고 그러면 얼마나 좋아유~~~~
그렇죠, 여러분!~~ (아이들:아니오)

엄 마 : 어휴, 여기 있는 친구들은 아니라고 그러잖아.

돌 쇠 : 에이 난 몰라유, 엄니. 지는 계속 잘거예유~

엄 마 : 아이고 안돼요, 어서 빨리 서당 가야지. 서당 다녀 와서 엄마 심부름도 해야지!

돌 쇠 : 싫어유, 엄니 일 인디 지가 왜 해유.

엄 마 : 뭐야? 아 꼬박 꼬박 말대꾸하지 말고 어서 빨리 서당가지 못해.

돌 쇠 : 정말 가기 싫은디~~...

엄 마 : 너 정말 이 애미한테 혼나 볼텨??

돌 쇠 : 어유 알겠어유, 정말 귀찮아 죽겠는디... 엄니~~~~~~~~~~~

엄 마 : 왜 그래?

돌 쇠 : 엄니!

엄 마 : 아 왜 그러냐니깐?

돌 쇠 : 엄니! 서당 다녀 오겠시유~~(속 터지게)

엄 마 : 어휴~~ 어서 갔다 오라니께.

돌 쇠 : 아함~~ 졸려. 왜 이리 자도 자도 잠이 오나 몰러..(퇴장)

엄 마 : 아이구, 여러분!
우리 돌쇠, 정말 게으름뱅이지유? 우리 돌쇠도 여기 친구들처럼 학교도 잘 다니고 또 엄마 말씀도 잘 들으면 얼마나 좋겠어유..
(퇴장)

- 2막 -

음 향

돌 쇠 :(서당 가는 길)어휴, 귀찮아. 서당 가면 재미도 없는디...
어? 저기 저 낮잠 자는 소는 참말로 부럽구먼...
서당도 안가도 되고 나무그늘에서 낮잠도 자고 참말로 좋겠구먼.
옳지, 서당에 가서 훈장님 몰래 낮잠이나 실컷 자야것다.

노 인 : 어험~~

돌 쇠 : 어? 할아버지.

노 인 : 아, 왜 그러느냐?

돌 쇠 : 할아버지.

노 인 : 아, 왜 그러냐니까.

돌 쇠 : 안 녕 하 셔 유~~ ?

노 인 : 허허~ 그 인사 받으려다 숨 넘어 가겠구나...

돌 쇠 : 할아버지 근디 그 손에 든 게 뭐여유?

노 인 : 아, 이것 말이냐? 이건 소머리 탈이란다.

돌 쇠 : 소머리탈 이유? 그런데 그게 뭐하는 건데유?

노 인 : 으음. 이 소머리 탈을 쓰기만 해도 좋은 일이 생기지.

돌 쇠 : 뭐 좋은 일이 생겨유?

노 인 : 아~이거? 이걸 쓰기만 하면 먹고 자고, 자고 먹고, 놀게 해주는 아주 신기한 탈이지!

돌 쇠 : 예에? 에이 세상에 그런 게 어딨데유~~

노 인 : 아, 그런 게 있다니까. 이 탈은 진정한 게으름뱅이만이 쓸 수 있는 탈인데 세상 방방곡곡을 다녀도 진정한 게으름뱅이를 못 찾았지 뭐냐. 그래서 여지껏 이 탈을 들고 다니는 거란다.

돌 쇠 : 예에? 진정한 게으름뱅이유? 흐흐 그렇다면 멀리 찾아다니실 것 없구만유. 지가 바로 그 진정한 진정한 게으름뱅이라구유.

노 인 : 니가 정말 진정한 게으름뱅이가 맞느냐?

돌 쇠 : 아 그렇다니까유. 여기 친구들한테 한번 물어보셔유
얘들아!~~ 내가 진짜 게으름뱅이 맞지? (네!!) 거봐유.
그럼 지가 이 탈 한번 써 봐도 되지유?
얘들아! 너도 이탈을 쓰고 싶지? 이탈을 쓰면 먹고, 자고하는데, 아무도 못줘! 나만 쓸겨!

노 인 : 그래 그래! 진짜 딱 맞는구나. 허허허

돌 쇠 : 근데 뭐가 좋은 일이예유? 아무 일도 안 일어나는 구먼유.

노 인 : 허허 소가 부럽다고 그럼 고생 좀 해봐라

돌 쇠 : 아유 답답해. 아유~ 답답해!!!! 할아버지, 저 이제 그만 이 탈 벗을래유. 어라, 할아버지! 이놈의 탈이 벗겨지지 않는구먼유.

노 인 : 이 녀석아! 쓰기는 쉬워도 벗기는 어렵지...

돌 쇠 : 어 어, 할아버지 좀 도와줘유. 이거 좀 벗겨 줘유. 할아버지!! 할아버지!!

– 3막 –

음 향(소 울음 소리)(**황소가 무대 밖으로 나간다!**)

황 소 : 음머~~ 이게 뭔 일 이래유? 아이구,
할아버지. 지금 무슨 일이 벌어진 거예유? 음머~~ 음머~~

노 인 : 허허 이제 너는 사람이 아니라 황소가 되었느니라.

황 소 : 음머~~ 아니예유. 전 소가 아니라, 사람! 돌쇠예유~ 돌쇠~~~
할아버지 빨리 이 탈 좀 벗겨줘유. 우리 엄니가 기다리고 있어유.

노 인 : 허허, 어머니가 기다리긴 뭘 기다려. 엄마 말씀도 안 듣고 서당도 안 가려고 했던 거 다 알고 있다. 이 게으름뱅이야..이제 너를 시장에 내다 팔아야겠구나.

황 소 : 안돼유, 정말 안돼유. 음머~~

노 인 : 어허, 이놈의 황소가 왜 이리 시끄러운가. 이제 슬슬 장사를 시작해 볼까? 자, 황소 사세요! 황소~~~
(**농부 무대 밖으로 등장.**.) 여보슈 농부 양반,

농 부 : 아 저 말씀이세요?

노 인 : 예~~황소 한 번 보시구랴 아주 싸게 파는 황소라우.

농 부 : 예~~ 아주 튼튼하게 생겼네요. 좋아요, 저에게 파세요.

노 인 : 아주 잘 고르셨소, 좋은 황소라오. 그런데 주의할 점이 하나 있소.
이 소에게는 밭에서 나는 무를 먹이면 절대로 절대로 안 돼오.

농 부 : 무요? 밭에 나는 무우 말이요?

노 인 : 그래, 그래. 맞아요.
바로 그 무를 먹으면 당장에 죽고 마는 희귀한 소이니 조심하시오.

농 부 : 예, 잘 알겠습니다, 할아버지. 안녕히 가세요.

노 인 : 그럼, 소 잘 키우시오. (퇴장)

농 부 : 예! 자 황소야 어서 가자 이랴~~

황 소 : 음머~ 저는 황소가 아니여유~~

(농부, 황소 퇴장, 엄마 등장)

엄 마 : (올라오면서 말함) 돌쇠야~ 아이구 농부양반! 우리 아들을 찾고 있는데, 키는 요만하고, 요렇게 생기고, 저렇게 생기고, 아이고, 우리 돌쇠 못봤어요?

농 부 : 네? 못 봤는데요

엄 마 : 돌쇠야~~~

황 소 : (엄마에게 달라 붙는다!) 엄~~니~~~~~~(구슬프게..)

엄 마 : 이놈의 황소가 왜 이러는겨? 저리 가지 못혀! 돌쇠야~~~

농 부 : 빨리 가자~

황 소 : 음 머~

엄 마 : 돌쇠야~~(퇴장)

– 4막 –

음 향

해 설 : 아이구. 게으름뱅이 돌쇠가 그만 황소가 되고 말았네요.. 쯧쯧쯧 아! 그나저나 서당 간다고 나간 돌쇠가 황소가 되고 말았으니, 이 일을 어쩌면 좋아요. 돌쇠엄마는 애타게 아들을 기다리고 있네.(퇴장).

엄 마 : 돌쇠야~~ 돌쇠야~~ 돌쇠야!!

우리 돌쇠가 도대체 어디 간거여~ 엄마가 서당 안 간대서 혼 좀 냈다고 한밤중이 됐는데도 집에 돌아오지 않다니... 여러분, 우리 돌쇠 못 봤어유? (황소가 됐어요) 아니, 뭐라구유? 우리 돌쇠가 황소가 됐다구유? 아이구, 여러분! 아 어른을 놀리면 못 써유. 사람이 어떻게 황소가 돼유. 여러분 우리돌쇠를 보면 이 엄마가 애타게 찾고 있다고, 그리고 많이 사랑한다고 전해주세유. 꼭 좀 전해 주세유. 알겠지유?

돌쇠야~~ 돌쇠야~~(크게)

(다음날 아침)

황 소 : 아이고 배고파~ 어디 먹을 것이 없나? 왜이리 먹을겨 없는겨? 아이구 힘도 없으니 잠이나 자야겠다.

음 향 (꼬끼오 닭울음)

농 부 :(하품하고 나오며) 아니 날이 밝은지가 언젠데, 이 황소는 일할 생각은 안하고 아직까지 자고 있는거야? 아! 황소야 황소야 어서 일어나

황 소 : (아직도 잠이 덜 깨 졸며) 아니 누가 이렇게 아침부터 떠드는겨? 아직 엄니가 밥 먹으란 얘기도 없었는데 잠도 못 자게 하는겨? 음냐 음냐

농 부 : 이 놈! 황소야! 어서 일어나지 못해?(황소를 흔들어 깨운다)

황 소 : 음머.. 음머.. 아니 이게 무슨 일이여. 아참 어제 내가 황소가 됐지.. 이 일을 어째.. 음머 음머~

농 부 : **(여물을 챙긴다.)** 일어났으면 어서 여물 먹고 밭에 일하러 가자. 어서 먹어~

황 소 : 음머~ 전 사람이라구유~ 이 여물을 먹을 수 없어요. 밥주세유~~

고기도 다 필요없구유 기냥 밥하고, 김치만 주세유~ 엄니가 해주는 밥 먹고 싶어유 음머~

농 부 : 아 이 놈의 황소가 하란 일은 안하면서 울긴 왜 이리 우는겨! 조용히 하고, 어서 이밭 다 갈아라~(일하러 간다.)

황 소 : 어이구 힘들어~ 먼일이 이리도 힘든겨. 아저씨 저 힘들어 죽겠어요.

농 부 : 내일은 오늘 보다 일을 더 잘 해야 해. 안 그러면 이 여물마저도 없을 줄 알어 (퇴장).

황 소 : 음머~ 엉엉.. 엄니 말을 잘 들을걸. 게으름 피우지 말고 서당 잘 가고, 글 공부도 잘하고 그랬으면 좋았을걸... 엄니 보구 싶어유~ 배도 고프구유... 엉 엉~~.

음 향

해 설 : 아이고... 황소가 된 돌쇠는 이제 죽도록 일만해야 했어요. 잠시 한 눈이라도 팔았다간 무서운 채찍을 맞아야 했거든요. 돌쇠가. 배가 너무 고팠지만 소들이 먹는 여물을 먹을 수는 없었어요. 불쌍한 돌쇠~~, 하루가 다르게 몸이 비썩비쩍 말라가기 시작했지요. 뼈가 상하게 드러날 정도였어요. 에이구, 쯧쯧쯧...

음 향(계속 깔린다.)

황 소 : 음머~~ 이젠 더 일 할 기운도 없구, 울 기운도 없구먼. 흑흑흑. 엄니... 엄니 말씀 안 듣고 게으름 피울 생각만 하다가 이렇게 황소가 됐구먼유.. 으흑흑. 지는 이제 어떻게 해야 돼유. 아무도 제 소리를 못 듣는 구먼유... 말을 해도 음머~~ 소리로만 나가구유. 울어도 음머~~~. 음머~~ 음머~~~ 엄니... 보고 싶어유.
(다짐한 듯)그려! 어차피 이러다 죽을 목숨 인께 차라리 지금 죽는 게 나은겨. 얘들아, 지난 번에 내가 뭘 먹으면 죽는다고 했는디, 그게 뭐였더라? (무요) 뭐라고? 배추? (아니, 무요) 뭐라고? 아, 그려 홍당무?(아니, 무요) 뭐라고? 아~그려, 그려. 무!! 그런데 얘들아, 무가 어디 있냐? (무등장) 어! 저기있구나.(집을 향해 절하고) 엄니, 만수무강 하셔유~~ 이 무를 먹어야겠네.
하나 둘, 셋!(쫓고 쫓긴다.)(3번째 잡는다.)
흑 흑 엄니... 어그적 어그적. 엄니... 어그적 어그적. 엄니...

음향, (황소가 사라지고 돌쇠가 나온다).

돌 쇠 : 어라, 이게 어떻게 된 겨? 나는 무를 먹으면 죽는다고 했는디.,

이것이 꿈이여 생시여.(몸을 어루만지며) 어? 내 팔, 내 몸, 그래 이건 내 얼굴이여! 지금 내가 사람으로 돌아온 것이여? 내가 정말 사람이 됐다, 사람이. 흐흑흑...그려, 이제 보고 싶은 우리 엄니한테 가야겠다. 엄니~~

음 향

엄 마 : 어 어디서 돌쇠 목소리가 들리는데 돌쇠야 돌쇠야 ~

돌 쇠 : 엄니!! 돌쇠가 돌아왔어유~~ 엄니 아들, 돌쇠가 돌아왔구먼유~ 엄니.

엄 마 : 우리 아들 돌쇠가 어디 갔다 온거야! 엄니가 많이 찾았잖여

돌 쇠 : 엄니, 어디 멀리 여행 좀 다녀왔시유~~
앞으로는유 엄니 말씀 잘 듣고, 서당도 잘 다니고, 심부름도 잘하고유, 소여물도 지가 줄께유. 얘들아! 난 엄니랑 밥 먹으러 갈겨~~ **음 향**

해 설 : 아이고...그래요, 그래. 황소가 된 돌쇠는 소가 된 후에야 자기의 게으름을 깨달았군요. 돌쇠는 이제 부지런한 사람이 되어 서당에 가서 공부도 열심히 하고, 심부름도 잘하고 착한 돌쇠가 되었대요.
어린이 여러분! 인형극 재밌었어요? 자 그럼 다음에 또 만나요! 안녕!~~

사이좋게 지내자

음향(아기다람쥐 또미)음악에 맞춰서 곰과 토끼 등장한다.

여 우 : 친구들 안녕? 지금부터 내 친구들을 만나려 가려고 하는데 같이 갈래? 자 그럼 날 따라와 어~ 저기 곰돌이랑 토순이가 있네
토순아 우리 같이 놀자

토순이 : 어~ 여우잖아

곰돌이 : 여돌이구나 그래 좋아 같이 놀자

여 우 : 지금부터 우리 소꿉놀이 하자
내가 엄마 할테니깐 토순 넌 아기해! 알았지

토순이 : 치~ 또 저래 싫어 내가~ 엄마하고 싶단 말이야.

여 우 : 넌 가만있어 내가 엄마 할 꺼야

곰돌이 : 그럼 어떻게 하지? 맞아 우리 공평하게 가위바위보로 정하는 게 어때?

토순이 : 좋아 좋아 여우 너 딴 소리하기 없기다

여 우 : (머뭇머뭇거리며) 가위바위보 하기 싫은데...

토순이 : 그럼 말구 곰돌아 우리끼리 놀자

여 우 : 알았어~ 가위 바위 보 해

곰돌이 : 그럼 시작한다.
(모두 가위내고 비긴다~ 두 번째 토순이 가위 여우 곰돌이 보자기)

토순이 : 와~ 내가 이겼다 내가 엄마야~

여 우 : (화가 난 듯) 싫어 내가 엄마 할 거야!

토순이 : 내가 이겼잖아 그러니까 내가 엄마야~

여 우 : 싫어 싫어! 어쨌든 내가 엄마 할 꺼야(토순이를 마구 때린다)

토순이 : 왜 때려? 왜 때려 저번에는 야옹이 때리더니 오늘은 날 때리고 왜 자꾸만 친구들을 괴롭히니? 앙~ 곰돌아! 우리 다른데 가서 놀자

곰돌이 : 응~ 그래 우리 여돌이랑 놀지 말자 흥! (곰돌이 토순이 퇴장)

여 우 : (시무룩한 표정으로) 치~ 내가 엄마 할 건데
아이 심심해 이제 누구랑 놀지? 맞아 야옹이랑 꽃순이한테 가봐야지
음향

여 우 : 야옹아~~ 꽃순아~~ 양순아~~ 나랑 놀자!

양, 고양이, 사슴 : 안녕 여돌아 (다 같이 등장하면서 인사한다.)

양순이 : 그럼 무궁화 꽃이 피었습니다 하자.

다함께 : 그래 좋아 좋아

여 우 : 그럼 누가 술래하지 맞아 꽃순이가 술래 해

꽃순이 : 알았어 내가 조금 착하니깐 그럼 시작한다 무궁화꽃이 피었습니다.
여돌이 너 움직인거 같은데

여 우 : 나 안 움직였거든...

꽃순이 : 아닌데... 그럼 다시 한다 무궁화꽃이 피었습니다.
여우 너 ~ 딱 걸렸어! 너 술래야

여 우 : (움직임)

꽃순이 : 여돌아! 너 정말 왜 그래? 왜 자꾸 친구들을 괴롭히는 거야?

여 우 : 뭐 어디 까불고 있어? 너 혼나 볼래?(꽃사슴을 때린다)

꽃순이 : 앙~ 여돌이는 정말 나빠 이제부터 다시는 같이 안 놀 꺼야

야옹이 : 꽃순아 괜찮아? 많이 아프지

양순이 : 그래 우리 여우랑 놀지 말자(야옹이 양순이 꽃순이를 위로하며 퇴장한다)

여 우 : 뭐 자기들 아니면 놀 친구가 없을까봐 흥 그런데 이제 누구랑 놀지

여우엄마 : 여돌아~ 여돌아~(여우를 찾으며 나온다)

여 돌 이 : 엄마! 나 여기 있어요

여우엄마 : 그래 날이 어두워지는데 혼자 여기서 뭐하고 있는 거야

여 우 : 그냥요

여우엄마 : 그런데 왜 이리 기운이 없는거니 또 친구랑 싸운 거야

여 우 : 그게 친구들이 내 말을 안 듣잖아요. 그래서 쬐금 때렸더니...

여우엄마 : 그러게 심술부리지 말고 친구들이랑 사이좋게 놀라고 했잖아
다음부터 양보하며 사이좋게 놀아야 해

여　　우 : 네~

여우엄마 : 내일 우리 여돌이 생일이지 엄마가 맛있는 음식 만들어 줄테니 친구들 초대해서 화해하렴~

여　　우 : 와~ 신난다 엄마 진짜 맛 있는거 많이 해 주실 거죠.

여우엄마 : 그럼 얼른 집에 가자

여　　우 : 네~ 내 생일인데 친구들 많이 초대 해야지

(음향) 다음날(토순이 양옹이 양순이 함께 걸어 나온다)

여 우 : (반갑게) 토순아 야옹아 양순아~

친구들 : 왜 불러

여 우 : 얘들아~ 오늘이 내 생일인데 우리 집에 놀러와~

토순이 : 흥! 이젠 너랑 안 놀꺼야(퇴장)

야옹이 : 난.... 엄마 심부름 해야 해

양순이 : 나, 난 말이야~ 음 그러니까 동생 봐야해!

야옹이 : 양순아 빨리 가자

양순이 : 그래그래

(친구들 퇴장)

여 우 : 아~이 어떻게 하지

(반대편에서 꽃순이 곰돌이 등장)

여 우 : 꽃순아~~

꽃순이 : 흥~!

여 우 : 곰돌아~~(풀 죽은 듯이)

꽃순이 : 또 자기 마음대로 하려고? 곰 돌아 우리 다른 곳으로 가자

곰돌이 : 그래 저쪽으로 가보자~

여 우 : 어~ 얘들아
오늘 내 생일이라고 초대하려고 했는데 어떻게 하지
(시무룩하게며 나무를 발로 친다.)

나 무 : 여돌아 왜 그러니

여 우 : 오늘 내 생일이라 친구들을 초대 하려고 했는데 아무도 안 놀아 주잖아요

나 무 : 맨 날 심술부리고 네 마음대로 하려고 하니깐 그러지

여 우 : 그럼 어떻게 해야 해요

나 무 : 친구들과 사이좋게 지내려면 먼저 양보하고 친구들의 말도 잘 들어보렴~

여 우 : 그럼 친구들이 나랑 놀아줄까요?

나 무 : 그럼 그럼~

여 우 : 네~ (힘 없이 퇴장한다)

나 비 : 여러분 여우는 친구들을 초대할 수 있을까요?
우리 한번 지켜 볼까요?
(친구들 모두 나온다)

곰돌이 : 얘들아! 오늘이 여돌이 생일이래 우리 가볼래?

토순이 : 여돌이는 맨날 우릴 괴롭히기만 하는데 우리가 거길 왜가?

야옹이 : 그래도 저번에 내가 무거운 가방을 들고 갈 때 여돌이가 도와줬었는데..

양순이 : 나두 넘어져서 다리를 다쳤는데 여돌이가 업어줬어

꽃순이 : 그럼 우리 그러지 말구 여돌이 집에 가자?

친구들 : 그래 그래~ 좋아(친구들 토순이 빼고 퇴장)

토순이 : 어~ 나두 나두 같이가

친구들 : 케익과 선물을 들고 여돌이 집 앞에서 여돌이를 부른다.

여돌이 : 누구세요.

친구들 : 여우야 생일 축하해~(음향 : 생일 축하)

여 우 : 얘들아~ 모..두.. 고마워...(울먹이며)

곰돌이 : 여돌아 미안해 우리 사이좋게 지내자~

여 우 : 아니야 내가 미안해 친구들을 때리구 심술부리구 못되게 굴어서 미안해....

친구들 : 그래 우린 사이좋은 친구잖아

(음향)

❣왕눈이의 여행❣

해설 : 산속 개구리 마을에 왕눈이가 살았어요. 왕눈이는 혼자 잘난 척만 하는 말썽꾸러기 개구리였어요. 오늘도 왕눈이는 잘난 척만 하고 있네요. 자 어떤 일이 일어나는 우리 친구들 한번 지켜볼까요?

왕눈이 : 난 내가 생각해도 너무너무 잘 생겼단 말이야. 동글동글 하면서도 초롱초롱한 눈빛 나뭇잎처럼 곱게 생긴 이 손과 발, 촉촉하면서도 뽀송뽀송한 피부 게다가 이 울룩불룩한 근육미 나처럼 잘 생긴 개구리는 눈을 씻고 봐도 없을 거야.

엄 마 : 아니 얘가 어딜 갔지? 하라는 공부는 안 하고 허구한 날 컴퓨터 게임에다가 자기 잘난 척만 하니 어휴 아니 이일을 어쩌면 좋을까? 왕눈아-왕눈아-왕눈아~~~

왕눈이 : 아! 깜짝이야 엄마! 엄마는 하나 밖에 없는 이 아들을 부를 때 좀 우아하고 고상하게 불러 주세요. 왕눈아- 이렇게 말이에요.

엄 마 : 왕눈아! 개구리는 뭐니뭐니 해도 공부를 해야지 훌륭한 개구리가 될 수 있단다.

왕눈이 : 싫어요. 공부하기 싫다구요.

엄 마 : 그래도 안돼요. 지금부터 엄마 따라 해봐라. 개굴 개굴

왕눈이 : 아휴~ 정말 싫은데

엄 마 : 그래도 이 녀석이

왕눈이 : 알았어요. 그래도 난 착한 아들이니 굴개 굴개

엄 마 : 그게 아니잖니 개굴 개굴이잖아

왕눈이 : 알았어요. 굴개 굴개

엄 마 : 아니 얘가 안 되겠네 친구들에게 도와 달라고 해야지

친구들 ! 친구들이 한번 따라 해보세요.

개굴 개굴 (친구들 반응) 거봐,

친구들은 너무너무 잘하잖니 너도 다시 해보렴. 개굴 개굴

왕눈이 : 굴개 굴개

엄 마 : 얘가 아이구 머리야 ! 엄마가 할머니 댁 가야 하니 어서 따라 해봐 개굴 개굴

왕눈이 : (히히히 할머니댁에 가신다고 : 혼자말) 알았어요. 개굴 개굴

엄 마 : 세상에나 우리 왕눈이가 너무 잘 하네.

엄마는 할머니 댁에 다녀 올테니 절대 거미골에 가면 안 된다.

왕눈이 : 걱정하지 말고 얼른 다녀오세요.

하하 엄마는 가셨겠지 공부는 무슨 공부 놀러나 가야지!

#음악이 흐른다.

왕눈이 : 와-이렇게 공기도 좋은 거미골에 엄마는 왜못가게 하는 거야 거미가 뭐가 무서워 야 ! 거미있으면 나와봐 ! 히히히 내가 무서워서 못 나오나 보네.

(거미 스르륵 등장한다.)

거 미 : 아니 거미가 무섭지 않다고, 좋아 어디 혼 좀 나봐라 얍.

왕눈이 : 어어- 어떻게 하지 생각한 것보단 너무 무섭고 힘이 세네.

왕눈이 살려

(엄마할머니 댁에 다녀오다 왕눈이의 목소리를 듣고)

엄 마 : 아니 이건 우리 왕눈이 목소리 아냐 ! 친구들 우리 어디 왕눈이 어디 갔죠?.

우리왕눈이가 큰 일이네. 좋아 ! 이 엄마의 주먹펀치 맛을 봐

라

얍얍얍

거 미 : 어 이건 또 뭐야 어디서 나타난 거야. 아이고 아야아 거미살려. 역시 엄마의 힘은 천하장사야.

엄 마 : 왕눈아! 엄마가 그리 가지 말라고 했는데 어서 집에 가자.

왕눈이 : 네! 엄마 그런데 우리 엄마 진짜 세다. 그렇죠 친구들?

- - -음향

엄 마 : 어휴~ 우리 왕눈이를 어쩌면 좋지? 옳지! 그래 왕눈아 이리와 보렴.

왕눈이 : 헤헤헤 여기 왔어요.

엄 마 : 왕눈아! 너 여행 다녀오면 안되겠니?

왕눈이 : 여행이라구요? 엄마가 먼 곳에 가지 말라고 하셨잖아요.

엄 마 : 아니야, 여행을 하면서 많은 것을 보고, 가슴에 많이 담아오면 돼.

왕눈이 : 야호! 신난다 히히 그래요 어제 밤 꾼 꿈이 개꿈이 아니었구나! 오! 설레이는 이 마음 벅차오르는 이 가슴 헤헤 얼마나 재미있을까? 엄마! 엄마!

엄 마 : 왜?

왕눈이 : 그 왜 우리나라 속담에도 있잖아요. 소뿔도 소뿔도? 어- 뭐더라? 아! 뭔데 아-소뿔은 두개다!

엄 마 : 어휴- 그게 아니야, 소뿔이 아니야 쇠뿔도 단김에 빼라 이말야

왕눈이 : 맞다 맞아. 헤헤헤- 역시 우리 엄마는 똑똑하단 말이야.

엄 마 : 어머머머머. 얘 좀봐.

왕눈이 : 엄마, 쇠뿔도 단김에 빼라 하듯이 지금 당장 짐을 챙겨서 다녀올께요.

엄 마 : 그래 그래 조심해서 잘 다녀와. 우리집 전화번호랑 이 엄마 휴대폰 번호는 다 알지?

왕눈이 : 아이참! 엄마는 제가 어린앤 줄 아세요? 걱정일랑 마시고 저

보고 싶다고 울면 안되요, 히히. . . 알았죠?

엄 마 : 그래 잘 다녀오렴.

왕눈이 : 아! 참 엄마, 쪼쪼쪼-쪽

음향: #신나는 음악이 나오고 왕눈이는 춤을 춘다.

왕눈이 : 여러분, 세상에서 제일 멋지고 잘난 이 왕눈이가 여행을 떠나요.

#소 울음소리가 들린다.

왕눈이 : 아니 저건 뭐야? 애들아 저게 뭐니? 아이들 반응) 아니! 멍청하게 생겼잖아! 야! 너 덩치만 크면 다야?

소 : 음메- 아니 땅콩 만한게 어디서 까불어?

왕눈이 : 뭐? 땅콩만하다고? 어쭈구리 그럼, 넌 왜 귀걸이를 코에 달았니?

소 : 뭐라고? 야! 개구리- 넌 내가 지금은 참는데 다음엔 어디 두고 보자.

왕눈이 : 내가 누구게? 내 이름은 골목대장 왕눈이-

너희들이 왕눈이를 뭘로 보고, 나의 마빡이 실력을 보여주겠어. 잘봐라.

마빡이 노래 나오고)

나 잘하지- 뭐 못한다고, 아니거든 잘하거든. 이 왕눈이를 말할 것 같으면 말이야

컴퓨터 게임도 잘하고 방귀는 뿌웅 잘 뀐다. 이 골목에서 나보다 더 힘센 친구는 아마도 없을걸. 우하하하.

두고 보자는 것들 중에 무서운 것 하나도 없더라. 하하하.

소 : 에잇 저것이 우리 주인님은 어디 간 거야? 이 고삐좀 풀어주지 않고. 아휴' 분통터져.

왕눈이 : 용용 죽겠지 히히 메롱메롱메롱 하하하. . . 안녕 미련한 황소야!

소 : 아이고 속터져. 음메...

왕눈이 : 어디 한번 가볼까나... 아휴 힘들어. 배도 고프고 다리도 아프고 집떠나면 고생이라더니 정말 그렇네. 뭐! 먹을 게 없을까?

아주머니 : 아이 징그러워라, 무슨 개구리가 여기까지 왔지, 저리가지 못해!

왕눈이 : (쓰러지면서) 아이쿠, 아이고 아파라. 저 여보세요. 여보세요 거기 누구없어요? 저좀 도와주세요.

뱀할머니 : 아니 이게 무슨 소리야.

왕눈이 : 저 뱀할머니 저좀 도와주세요. 저 다리를 다쳤어요.

뱀할머니 : 아이구 저런, 다리를 다친 게로구나!

왕눈이 : 네 다리를 다쳤어요. 흑흑흑..

뱀할머니 : (혼자말) 이게 웬 횡재야. 치료해 주고 다리가 깨끗하게 낫고 나면 그 때 음음 잡아먹어야지 히히히
"그래 얼마나 아프니"

왕눈이 : 많이 아파요. 그리고 배도 많이 고파요.

뱀할머니 : 어서 우리집으로 가자꾸나.

새1 : 어머머머 큰 일이다. 큰 일이야. 왕눈이가 뱀할머니를 따라갔어.

새2 : 어? 따라가면 왜? 쟤가 어떻게 되는건데.

새1 : 어떻게 되긴 바로 꽥이지 뭐.

새2 : 어 무서워

새1 : 그렇게 매일 잘난 척만 하더니... 하지만 재밌는 친구였는데.

새2 : 맞아. 그때 생각하면 재밌었는데(노래)

새1 : 그래 우리 왕눈이 엄마에게 가보자.

#음악나오고

해설 : 왕눈이는 뱀할머니 집에서 다친 다리를 다 나아가고 있었어요.

왕 눈 이 : 할머니! 할머니

뱀할머니 : 왜 그러느냐?

왕 눈 이 : 다리가 다 나았어요. 히히 오늘자고 내일 아침에 다시 여행을 떠나려구요.

뱀할머니 : 그렇게 하려무나.

왕 눈 이 : 안녕히 주무세요. 아! 내일이면 다시 여행이 시작되는 거야.

뱀할머니 : 히히히히... 내일 아침이면 저 맛있는 개구를 요리를 먹을 수 있겠구나! 히히히

왕 눈 이 : 뭐! 나를 잡아 먹는다고? 이럴 때가 아니지(살금살금--말로 표현) 왕눈이 살려 왕눈이 살려!

뱀할머니 : 게 서지 못해!

왕 눈 이 : 할머니 같으면 서겠어요?

뱀할머니 : 아니아니 이놈 거기서라니까!

왕 눈 이 : 헉헉, 엄마 엄마 제가 왔어요. 왕눈이가 왔어요. 왕눈이가 왔다니까요. 헉헉

엄 마 : 어머? 정말이네. 우리 왕눈이가 왔네! 그래 여행은 즐거웠니?

왕 눈 이 : 엄마 이세상에는요 저보다 힘도세고, 음 잘 생기고 훌륭한 것들이 많이 있었어요.

엄 마 : 정말 그랬어?

왕 눈 이 : 네, 이제는 남을 업신여기지도 않고요, 어려울 땐 남을 도와주는 착한 왕눈이가 될꺼예요.

엄 마 : 어머나! 우리 왕눈이가 정말 많은 것을 보고 왔구나. 왕눈아!

왕 눈 이 : 엄마 우리 친구들도 저랑 약속해요. 친구들 업신여기지 말고

어려울 땐 남을 도와주는 착한 친구가 되세요. !

퇴장,

(음악) 인형들 모두 나와 춤을 춘다.

❣서로 용서하세요❣

〈나오는 인형〉

임금

상인 : 임금에게 빚진 사람

청년 : 상인에게 빚진 사람

신하 : 임금님의 내관

–제 1 막–

〈무대〉 웅장한 궁궐 중앙에 용상이 있다.

막이 오르면, 임금이 무대 위에서 거닐고 있다.

임금 : 어험! 여봐라, 여봐라-!

신하 : (급히 등장하며) 예이-

임금 : 그래, 아침에 불러오라고 했던 상인을 불러왔느냐?

신하 : 예이-, 지금 데려다 놨습니다.

임금 : 그럼 어서 이리 들라고 하여라.

신하 : 예이- 상인은 들라 합신다.

신하, 퇴장한 후 상인을 데리고 등장한다.

신하 : 폐하, 상인을 데리고 왔습니다.

상인 : (굽실굽실 절하며)아이고, 임금님, 안녕하세요?

임금 : 그래, 자네 지난번에 나한테 돈 꿔간 게 있지?

상인 : 예.

임금 : 얼마를 꿔갔지?

상인 : 예, 그때 제가 백만 원을 꿔갔지요.

임금 : 그렇지, 백만 원이지. 오늘이 그 돈을 갚기로 약속한 날이지?

상인 : 예.

임금 : 그래, 돈은 가져왔나?

상인 : 도, 돈을 못 가져왔습니다.

임금 : 뭐! 돈을 못 가져왔어? 아니 왜?

상인 : 돈이 없어서요.

임금 : 아니, 그 많은 돈을 빌려다가 다 어디에 쓰고 돈을 못 가져와. 돈을 다 써버렸단 말이냐?

상인 : 예. (염치없어 머리를 계속 숙인다)

임금 : 아니, 그 많은 돈을 다 써버려? 그 돈을 빌려 갈 때는 장사를 해서 돈을 많이 벌어보겠다 하여 빌려 줬는데, 그 돈을 다 써버려?

상인 : 예, 글쎄 여름엔 더우니까 일하기 싫어 앉아서 까먹고, 겨울엔 추우니까 일을 안 하고, 봄 가을은 구경 다니기 좋으니까 구경만 다니고. 그냥 좋은 옷만 해 입고 맛 좋은 것만 해먹다 보니까 돈이 다 없어져 버렸습니다.

임금 : 이런 고약한 사람이 있나. 그래서 돈이 하나도 없단 말이지?

상인 : 예.

임금 : 그럼 할 수 없지. 어서 집으로 돌아가게.

상인 : 예? 돌아가라구요? 아이고, 임금님 고맙습니다. (좋아라고 엎드린 자세로 뒷걸음쳐 나간다)

임금 : 이봐.

상인 : (멈춰 서며) 예?

임금 : 내가 가라는 건 그냥 가라는 게 아니라, 가서 나한테 빚진 것을 갚을 수 있도록 물건이라도 실어오라 그 말이야.

상인 : (깜짝 놀라며) 예? 물건을요? 아이고 임금님, 어떡합니까? (엄살떨며) 저희 집에는 아무 것도 없습니다.

임금 : 아무 것도 없다고? 정말 없는가?

상인 : 아, 아닙니다. 있는 게 있습니다.

임금 : 집에 가면 뭐가 있나?

상인 : 우리 집에 가면요, 마누라가 있고요, 우리 딸, 그리고 우리 아들 이렇게 세 식구가 있습니다. 그것 밖에는 아무 것도 없습니다.

임금 : 그럼 어서 가서 마누라도 팔고, 아들 딸도 팔아서 나한테 빚진 돈을 가져오게.

상인 : (울며) 아이고, 아이고 임금님! 우리 식구를 다 팔아버리면 저 혼자서 어떻게 삽니까? 임금님, 용서해 주세요. 한번만 참아주시면 제가 그 돈을 벌어서 꼭 갚겠습니다. 임금님, 한번만 참아 주세요. (엎드려 서럽게 운다)

임금 : (측은히 보며) 내가 참아 주면 앞으로 부지런히 일하면서 착하게 살겠는가?

상인 : 예, 그러믄요.

임금 : 그럼 내가 자네를 불쌍히 생각해서 용서를 해 주겠네.

상인 : 예? 용서를 해 준다고요?

임금 : 그렇다네.

상인 : 아니, 임금님. 돈을 한 푼도 안 받고요?

임금 : 그렇다.

상인 : 일 원도 안 받고요?

임금 : (언성을 높이며) 그렇다니까!

상인 : (임금을 붙들고 늘어지며) 아이고 임금님, 감사합니다.

감사합니다, 임금님!

임금 : (뿌리치며) 어허, 이거 놓지 못해. 무엄하게 왜 붙들고 야단이냐!

상인 : 임금님, 너무너무 감사해서 그렇지요. 임금님, 이 은혜는 절대로 잊지 않겠습니다.

임금 : 여보게!

상인 : 예.

임금 : 이제는 평안한 마음으로 돌아가게.

상인 : (절하며) 예, 임금님. 정말 감사합니다.

임금 : 자네는 돌아가서 내가 자네를 용서해 준 것같이 남을 용서해 주면서 살아야 하네.

상인 : 예, 그럼요. 임금님, 이제 돌아가서 남의 잘못을 제일 잘 용서해 주는 용서의 대장이 되겠습니다.

임금 : 핫핫핫, 용서의 대장? 그래, 어서 돌아가게.

상인 : 임금님, 안녕히 계세요.

상인 퇴장하면, 막이 내린다.

-제 2 막-

〈무대〉 동네 골목길이 중앙에 있고, 양쪽에 집들이 있다.
막이 오르면 상인이 좋아라고 펄펄 뛰며 등장한다.

상인 : 야- 이제 난 해방이 되었다. 그 큰 돈 백만 원을 갚지 못해 늘 걱정이었는데, 우리 임금님께서 그냥 용서를 해 주셨으니 나는 이제 자유의 몸이 되었다, (춤을 추며) 얼씨구 좋다, 절씨구 좋아 하하하-. (문득 멈추며) 아, 아니 나한테 돈을 꿔간 놈이 있잖아.
그런데 이 놈이 돈을 안 가져오면 어떻게 하지? 아, 옳지, 그 놈이

바로 저기에 오는구나.

(청년이 등장한다)

청년 : (공손히 인사하며) 아저씨, 안녕하세요?

상인 : 옳지, 옳지. 자네 마침 잘 왔네. 자네 지금 나 만나러 오는 길이지?

청년 : 네, 지난번에 아저씨가 돈을 빌려줬지요. 그 일 때문에 아저씨를 만나러 왔습니다.

상인 : (좋아서) 그래, 그래. 자네 그때 얼마를 빌렸지?

청년 : 네, 그때 제가 3만 원을 빌렸지요.

상인 : 응 그래, 3만 원이지. 그래, 오늘 그 돈을 갚기로 약속했으니 가져왔겠지? 고맙네. 어서 이리 주게. (손을 내민다)

청년 : 그런데 아저씨, 실은 오늘 돈을 가져오지 못해서……
(염치없어 얼버무린다)

상인 : (벼락 치듯) 뭐야! 이런 도둑놈을 봤나! 남의 돈을 썼으면 갚기로 한 날 갚아야 할 게 아니야!

청년 : 실은요, 제가 그 동안 몹시 아파서 오늘에야 일어났습니다. 이제 건강해졌으니까 금방 벌어서 갚을께요. 며칠만 참아주세요.

상인 : (단호히) 안돼! 당장 가져와! 오늘 당장 가져오지 않으면 혼날 줄 알아라. 너 내가 무서운 사람인거 알지? 나한테 맞으면 뼈도 못추린다. 어서 가져와!

청년 : 아저씨, 며칠만 참아 주세요, 네? 이렇게 빌게요.
(두 손을 싹싹 비빈다)

상인 : (청년을 때리며) 안돼, 이 놈아. 그래 맛 좀 봐라. 내 돈을 안 가져와! 엑엑. (치고 박는다)

청년 : 아이고, 아이고 사람 살려! 아이고- (한참 동안 맞아서 피투성이가 된다) 아이고 아- 아이고! 아저씨, 너무합니다.

이렇게 사람을 죽일 듯이 할 수가 있습니까?

상인 : 넌 내 돈을 떼어먹으려는 도둑놈이니까 죽어도 돼. 음- 옳지, 넌 도둑놈이니까 우리 집 캄캄한 지하실에다 가두어 버리겠다. 가자, 이 놈아! (끌고 간다)

청년 : (발버둥 치며)아, 아저씨! 용서해 주세요. (끌려간다)

막이 내린다.

-제3막-

〈무대〉 제1막 그대로이다. 막이 오르면 임금님이 화가 나서 몇 번이고 가쁜 숨을 쉬며 왔다 갔다 한다.

임금 : 여봐라-!

신하 : (급히 등장하며)예이~

임금 : 그래, 그 악독한 놈을 잡아 들였느냐?

신하 : 예, 지금 잡아다 놨습니다.

임금 : 어서 이리 끌어 들여라.

신하 : 예이~ (급히 퇴장한다)

안쪽에서 신하의 목소리가 들린다. "들어가, 어서 들어가라고 어서!" 잠시 후 신하가 상인을 질질 끌고 나온다.

상인 : (설설 기며)예, 예. 아, 아이고 임금님. 안녕하십니까?

임금 : 자네, 지난번 나한테 얼마를 빚졌지?

상인 : (숙였던 고개를 뻣뻣이 들며)아니, 임금님. 그때 임금님께서 그냥 용서해 주시지 않았습니까? 그리고선 이제 와서 약속을 어기시는

겁니까!

임금 : 나는 약속을 지키네. 자네 그때 나한테 용서를 받고 가면서 무슨 대장이 되겠다고 했지?

상인 : (금새 기가 죽어)네, 그때 제가 바로…… (머뭇거리며) 제… 제가 용서의 대장이 되겠다고 했지요.

임금 : 그래, 자네에게 돈을 빌려가고 갚지 못하는 사람을 용서해 줬나?

상인 : 못 해 줬습니다.

임금 : 못 해 줬어? 그래서 어떻게 했나?

상인 : 화가 나서 두들겨 팼습니다.

임금 : 뭐라고? 때려?

상인 : 그렇지만 조금밖에 안 때렸습니다.

임금 : 조금밖에? 그 젊은이를 가두기까지 했다면서? 여봐라, 어서 가서 갇힌 그 젊은이를 풀어 주어라.

신하 : 예이- (급히 퇴장한다)

임금 : 이런 악독한 놈을 봤나. 자기는 큰 것을 용서 받고도 그 조그마한 것 하나를 용서 못해! 에익- (때리면서) 이 악독한 놈.

상인 : 아이고, 아이고. 임금님, 제가 잘못 했어요.

임금 : 여봐라.

신하 : (등장하며)예이~

임금 : 이 놈을 끌어다가 다시는 영영 못 나올 캄캄한 감옥에다 아주 가둬 버려라.

신하 : 예이~ (상인을 끌고 가듯 퇴장한다)

상인 : (끌려가며)아이고, 아이고 나는 이제 영원히 끝장이 나버렸네.(통곡한다)

임금 : 어린이 여러분! (대답을 들은 후) 남을 용서해 주는 일은 참 좋은 일이지요? 어린이 여러분도 남을 용서해 줄 수 있나요?

(네! 하고 대답하면) 이제 약속했으니 앞으로 꼭 지키세요. 안녕! 막이 내린다.

- FINALE -

❣임금님의 밥상❣

해 설 : 옛날 어느 나라의 임금님이 하루는 식사를 하는데 밥이 굉장히 맛이 있었어요.
임금님은 밥을 다 드신 후에 밥을 맛있게 지은 요리사를 불러오라 하셨어요.

임금님 : 음, 밥이 정말 맛있구나. 음 , 정말 맛있어 . 여봐라.

신 하 : "예이.

임금님 : 어서 가서 오늘 아침 밥상을 차린 요리사를 불러오도록 하여라.

신 하 : "예이. 여봐라, 요리사는 들어오너라.

요리사 : "예. 마마. 부르셨습니까?"

임금님 : "오, 그래. 내가 오늘 니 덕분에 맛있는 밥을 먹었으니 너에게 큰상을 내리겠노라."

요리사 : 아니옵니다. 그것은 쌀가게 주인이 좋은 쌀을 팔았기 때문에 밥이 맛있게 된 것이오니 상은 쌀가게 주인이 받아야 마땅하옵니다.

신 하 : 마땅하옵니다.

임금님 : "오, 그래. 그럼 어서 가서 쌀가게 주인을 불러오도록 하여라.

신 하 : "예이. 여봐라? 쌀가게 주인은 들어오너라.

쌀가게 : "예, 마마. 쌀가게 주인이옵니다.

임금님 : "오, 그래. 내가 오늘 니 덕분에 맛있는 밥을 먹었으니 너에게 큰상을 내리겠노라."

쌀가게 : "아니옵니다. 그것은 시골마을의 방앗간 주인이 쌀을 잘 찧었기 때문이오니 상은 방앗간 주인이 받아야 마땅하옵니다."

신 하 : "마땅하옵니다.

임금님 : "오, 그래. 그렇다면 어서 가서 방앗간 주인을 데리고 오도록 하여라."

신 하 : "예. 마마 방앗간 주인은 들어오너라.

방앗간 : "예. 마마 방앗간 주인이옵니다.

임금님 : "오, 그래. 내가 오늘 니 덕분에 맛있는 밥을 먹었으니 너에게 큰상을 내리겠노라."

방앗간 : "아니옵니다. 임금님.
그것은 농부가 열심히 벼를 가꾸고 길러 가을에 좋은 쌀을 만들었기 때문이니 상은 농부가 받아야 마땅하옵니다.

신 하 : 마땅하옵니다.

임금님 : "어허. 그래. 그럼 어서 가서 농부를 데리고 오도록 하여라. 아니 이번엔 내가 직접 찾아봐야겠구나.(음향) (찾는 모양하기 신하랑 함께)

임금·신하 : 오 농부가 저기 있구나!

농 부 : "예, 마마 농부이옵니다.

임금님 : 농부야 내가 니 덕분에 맛있는 밥을 먹었으니 너에게 큰상을 내리겠노라!

농 부 : 아니옵니다. 임금님 저는 열심히 농사를 짓기는 했습니다만 하늘에서 뜨거운 햇빛과 비를 잘 내려 주셔서 좋은 쌀을 많이 추수하게 된 것이오니 저보다는 하늘에게 감사를 드려야 마땅하옵니다.

신 하 : 마땅하옵니다.

임금님 : "오, 그래. 감사합니다. 감사합니다. 내가 오늘 너희 모두에게 큰상을 내리겠노라 .

모 두 : 감사합니다. 고맙습니다. 임금님(모두일자로 손잡고 절하기)

임 금 : 차렷. 절.

❣토끼와 호랑이❣

호랑이 : 아이고 배고파 뭐 먹을 게 없을까! (어슬렁 등장 두리번, 이때 토끼 노래부르며 등장)

토 끼 : (관객들과 함께 노래하기) 어디 가서 신나게 놀아보나?

호랑이 : 어흥, 너 잘 만났다.

토 끼 : 호 호랑이님! 살려주세요

호랑이 : 토끼야 내가 배가 많이 고프니까 너를 좀 꿀꺽 삼켜야겠다.

토 끼 : 아이 호랑이님 ! 저는 이 토끼털만 빼면 먹을 게 없다니까요. 속살은 제가 다이어트를 많이 해서 먹을 게 없어요.

호랑이 : (놀라며)뭐? 다이나마이트를 많이 했다구?

토 끼 : 아이 다이나마이트가 아니고 다이어트요!
그러니까 저보다 더 맛있는 떡을 가져다 드릴테니 잠시만 기다리세요

호랑이 : 뭐? 떡? 그게 뭣이냐?

토 끼 : 호랑이님 떡도 모르세요(고개를 이리저리 흔들며)콩떡, 팥떡, 수수떡, 가래떡, 무지개떡 똥떡!

호랑이 : 뭐 똥?

토 끼 : 호호호 어쨌든 말랑말랑 맛있는 거예요. 아유 생각만 해도 침이 꿀꺽 넘어가네

호랑이 : 그게 그렇게 맛있냐? 그럼 어서 가져와봐라 난 저쪽에서 기다릴께

토 끼 : 내 그럴께요! (토끼 돌덩이 11개 광주리에 담아 온다)
(이때 관객들과 약속한다. 절대로 돌이라고 말하지 않기로)

친구들 절대로 말하면 안되요!
호랑이님 여기 떡이 왔어요.

호랑이 : 어! 이게 어디 떡이냐 돌댕이지.
네 이놈 토끼 날 놀리는 것이냐?

토 끼 : 어어 호랑이님 지금은 이렇게 딱딱해도요 불에 구우면 말랑말랑 해진다니까요!

호랑이 : 거짓말 말아라 내가 바보인줄 아느냐?

토 끼 : 정 그렇게 못 믿으시면 친구들에게 한번 물어보세요!

호랑이 : 너 저애들이 아니라고 하면 넌 내손에 콱!(주먹을 보인다)

토 끼 : 아이고고 무서워라 ! 한번 물어보세요.

호랑이 : 얘들아 이것 돌멩이지?(아니)
웃기지마라 돌맹이지?(아니)

토 끼 : 그것보세요 아니라고 하잖아요. 아이들은 절대 거짓말 안해요
그렇죠 친구들!(애)

호랑이 : 그럼 어서 불에 구워보아라

토 끼 : (불에 구으며) (둘이마주앉아) (음향)
아참! (화들짝 놀라는 척 폴짝 뛰며)

호랑이 : 아니 왜 그러냐? 니똥구멍에 불이라도 붙었냐?

토 끼 : 아 글쎄 꿀을 깜빡 잊었지 뭐예요!
떡은 꿀에 콕 찍어먹어야 제 맛인데!
아이 어쩌나?

호랑이 : 너 도망가려고 그러지!

토 끼 : 참 호랑이님도 그렇게 절 못 믿으세요? 전 말이죠 절대로 절대로 도망 안가요 이 맛있는 떡을 두고 어떻게 가겠어요?

제가 어서 가서 꿀을 가져올테니 호랑이님 혼자 드시면 안되요?
한번 세어볼까? 하나. 둘…. 열개

호랑이님 떡이 10개니까 절대로 먹으시면 안되요!

호랑이 : 그래그래 알았다.
어서 가서 꿀이나 빨리 가져와라 배고파서 앞이 안 보이려고 한다. 어흥

토 끼 : 관객을 보며 호랑이님이 혼자 떡 못 먹게 해야 되요!

호랑이 : 크크크 안 먹는다 안 먹어.(토끼퇴장)'
아이고 배고파 도저히 못 참겠다. 심심한데 떡이나 세어보아야겠다.
하나, 둘…. 열한 개? 엉 이게 어떻게 된 거야 응?
(관객들과 같이 센다)
얘들아 같이 세어보자! (아이들과 같이)
하나, 둘, 셋…. 열하나
우하하하하 이런 바보 토끼 같으니라구!
숫자도 하나 제대로 못세다니!
토끼가 꿀을 가져오기 전에 한 개 먹어야겠다
꿀--꺽!
하이고 나죽네! 호호랑이 살려(데굴구르며) 퇴장(음향)

토 끼 : 아이고 겨우 살았네! 친구들 정말 정말 고마워요

❣금도끼 은도끼❣

(음향) (나뭇꾼 연못가로)

여기 나무들이 많네! 나무를 많이 해 가야지. 영차영차~ 어어(음향, 도끼빠짐)

나뭇꾼 : 어라 내 하나밖에 없는 도끼가 연못에 빠져버렸네
이제 어쩌나 엉엉엉.
가난한 살림에 도끼마저 잃었으니 어머니~ 엉엉엉

(연못물음향)

산신령 : 뿌글뿌글~~~ 누가 연못가에서 이리도 슬피 울고 있느냐?

나뭇꾼 1: 아이고 깜짝이야 누누누구십니까요?

산신령 : 나는 이 연못에 살고 있는 산신령이다

나뭇꾼 1: 예에? 사~산신령이시라구요?

산신령 : 그으래. 그런데 너는 무슨 일로 그리도 슬피 울고 있느냐

나뭇꾼 1: 예~ 사실은 제게 하나밖에 없는 도끼를 나무를 하다가 연못에 빠뜨렸습니다.

산신령 : 도끼를 빠뜨려?

나무꾼1 : 저는 그 도끼가 없으면 나무를 못해서 어머니께 밥도 못해 드리고 옷도 못 사드리는 아주 소중한 것입니다요.

산신령 : 으흠 , 참으로 효-자로구나!

알았다. 잠깐만 기다리거라! 수그리당당 수그리당당(들어간다)

나뭇꾼 : 아니 산신령님~

산신령 : 뿌글뿌글~

나뭇꾼 : 어어!

산신령 : 이것 보거라 이금도끼가 니 도끼냐?

나뭇꾼1 : 아아~ 그렇게 좋은 도끼는 제 도끼가 아닙니다

산신령 : 그으래? 으흠 다시 기다려 보거라 수그리당당 수그리당당

나뭇꾼1 : 이번엔 내 도끼를 들고 나오시겠지?

산신령 : 뿌글뿌글~~~~ 이 은도끼가 니 도끼냐?

나뭇꾼1 : 아~아닙니다. 제 도끼는 그냥 쇠도끼 입니다

산신령 : 오호, 참으로 정-직한 젊은이로다.

내 너와 같이 정직한 사람을 처음 보았도다. 내 너에게 이 모든 도끼를 다 줄터이니 가지고 가서 부모님께 효도하고 잘 살도록 하여라.

나뭇꾼1 : 예에. 아이고 감사합니다. 감사합니다.

산신령 : 앞으로도 착하고 정직하게 잘살아야 하느니라~ 수그리당당 수그리당당

나뭇꾼1 : 이럴 수가 ~ 어머니께 효도하고 정직하게 살았더니 복을 내리신 거야, 빨리 어머니께 보여드려야지! 어머니~~~ 어머니~~~(퇴장)

(음향)

나뭇꾼2 : 아이고 배야. 아이고 배야. 얘들아 너희들도 배가 아프지!(안아퍼)

뭐? 안 아퍼 아니 그 뭐야 그 이웃마을의 나뭇꾼이 ~ 뭐? 도끼를 연못에 빠뜨려 가지고 부자가 됐다구? 나도 더 부자가 되어야지!

(음향)　　　　도끼를 들고 나무를 하러 가자~~

나뭇꾼 : 하나, 둘, 셋

에잇 ~ 역시 이제야 들어갔구나!

하하~ 이제 산신령님이 나타나길 기다려야겠군! 아이고 심심해

뭐하지! 춤이나 한번 춰볼까! 뮤직큐! (율동)

(음향)

산신령 : 뿌굴 뿌굴, 으흠 누가 연못가에서 이렇게 떠들고 있는 것이냐?]

나뭇꾼2 : 하이고 산신령님 반갑습니다. 왜이제야 나오십니까. 제가 얼마나 기다렸는데요!

산신령 : 나를 기다렸다구?

나뭇꾼2 : 예에!

산신령 : 무엇 때문에?

나뭇꾼 : 아이고 내가 이곳에서 열심히 땀을 흘려가며 나무를 하는데 저의 하나밖에 없는 소중한 도끼가 이 연못으로 풍덩하고 빠졌지

뭡니까!

산신령 : 열심히 일을 하다가 도끼를 빠뜨려?

나뭇꾼 : 아 예에

산신령 : 아 오늘은 왜 이렇게 도끼들을 빠뜨리는 것이냐 여기좀 보아라. 니 도끼 때문에 이렇게 혹이 또 생겼지 뭐냐

나뭇꾼 : 하이고 딱 어울리십니다.

산신령 : 뭬야! 그건 그렇고 내가 내려가서 니 도끼를 가져다 줄 터이니 기다려 보아라.

나뭇꾼2 : 아 예예 어서 다녀오십시요. 얼씨구 좋다 절씨구 좋다. 나도 이제부자가 되는 거야

산신령 : 뿌글뿌글~~ 으흠 이것보아라 이금도끼가 니 도끼냐?

나뭇꾼 : 하이고 그럼요 제 도끼고 말구요. 제가 빠뜨린 도끼가 틀림없습니다.

어서 이리 주시지요.

산신령 : 어허! 그럼 이 은도끼도 니 도끼냐?

나뭇꾼 : 하이고 그렇고 말고요 그것도 제 도끼입니다요

산신령 : 이런 괘씸한지고 자기 것도 아니면서 욕심을 부려 거짓말을 함부로 하다니 너에게는 아무것도 줄 수 없으니 그냥 돌아가거라

나뭇꾼 : 아니 뭐라구요? 아무것도 줄 수 없다구요? 그래도 제 도끼는 돌려주셔야지요

산신령 : 거짓말로 남을 속이는 자는 벌을 받아야 마땅하거늘 어서 가거라

그럼 나는 들어간다 수그리당당*2

나뭇꾼 : 아이고 욕심을 부리다 망했다 망했어. 엉엉엉

나무꾼1 : 그것보세요! 정직하지 않으니까 있는 것도 빼앗긴 거예요

여러분 여러분들은 언제나 정직한 친구들이죠?

그럼 우리 다음시간에 또 만나요. 안녕

❣해와 달이 된 오누이❣

옛날 아주 옛날에는 해님과 달님이 없었대요. 어떻게 해님과 달님이 생겨났는지 그 이야기 속으로 우리 함께 떠나볼까요

해설 : 옛날 어느 마을에 홀어머니와 오누이가 가난하게 살고 있었어요.

동생 : 오빠 우리 숨바꼭질 놀이하자!

오빠 : 알았어, 그럼 네가 술래해

동생 : 싫어, 오빠가 술래해

오빠 : 그럼 빨리 숨어

동생 : ((숨으려다 오빠 뒤에 서 있는다)

오빠 : 꼭꼭 숨어라 머리카락 보인다 . 다 숨었니? 그럼 찾으러 간다(뒤를 돌다 놀라기)
너 왜 안숨어

동생 : 오빠 놀려 주려고 하하하

엄마(목소리만) 얘들아~ ~

오빠 : 어! 엄마가 부르신다. 어서 가보자

엄마 : 얘들아, 엄마는 멀리 있는 잔칫집으로 일하러 간단다, 좀 늦을지 모르 사이좋게 놀도록 해라

오빠 : 예, 염려 마세요.

엄마 : 저녁때가 되면 문을 꼭 잠가야 한다.

오빠 : 예, 어머니 안녕히 다녀오세요.

해설 : 어머니는 잔칫집에서 열심히 일을 했어요. 그래도 머릿속에는 집에 두고 온 아이들 생각뿐입니다

엄마 : 얘들이 잘 노는지 모르겠네. 빨리 집에 가야 할 텐데.

주인 : 수고 했어요 어쩜 그렇게 일을 잘해요 늦었으니 어서 돌아가세요.

해설 : 주인아주머니는 함지박 가득히 떡을 담아 주었어요.

엄마 : 웬 떡을 이렇게 많이 주세요.

주인 : 아이들이 엄마를 기다리고 있을 텐데. 어서 가서 아이들이랑 나눠 먹어요

엄마 : 아유, 아주머니 고맙습니다. 그럼 안녕히 계세요

해설 : 어머니는 인사를 하고 서둘러서 잔칫집을 나섰어요.
어머니는 걸음을 재촉하여 집으로 돌아갑니다.

엄마 : 얘들이 별일이 없어야 할 텐데…….

해설 : 집에까지 가려면 큰 고개 하나를 더 넘어야하는 길목이었어요. 한편 집에서는

동생 : 오빠 왜 엄마가 안와? 나 배고파 그리고 무서워

오빠 : 우리 심심한데 서당에서 배운 동시 외울까

동생 : (오빠 동생 함께 오누이 동시 외운다 아이들도 함께 해도 된다)
오빠 나 이제 하나도 안 무서워

오빠 : 그렇지 이제 우리 들어가서 엄마 기다리자

엄마 : 아이고 벌써 날이 저무네 어서 가야겠다

호랑이 : 어흥 !!

해설 : 난데없이 집채만 한 호랑이가 나타났어요.

엄마 : 에구머니나!!

호랑이 : 하하하! 배고프던 참에 잘 만났다

엄마 : 안 돼 !! 나 죽는 건 괜찮지만 내가 죽으면 집에 있는 얘들이 불쌍하게 된단다.
호랑아 제발 살려다오 !!

호랑이 : 그건 내가 알바 아니야!

엄마 : 호랑아 제발 한번만 살려다오

호랑이 : 그 함지박에 든 게 뭐냐? 그거라도 먹자

엄마 : 떡이야, 잔칫집에서 얻어 온 거야

호랑이 : 떡 그거 좋지, 딱하나 주면 안 잡아먹지.

엄마 : 아이들 주려고 나도 안 먹고 가져오는 길인데…….
할 수 없지. 자 받아라.

호랑이 : 냠냠 ! 그것 참 맛 좋구나. 헤헤.

해설 : 호랑이는 어머니가 준 떡을 냉큼 삼켜 버렸어요.

호랑이 : 어흥! 그 떡 참 맛 좋은데. 남은 떡마저 빼앗아 먹어야겠다.

해설 : 호랑이는 또 손을 내밀었어요.

호랑이 : 떡 하나 더 주면 안 잡아먹지, 하하하

엄마 : 하나 줬는데 또 달래, 약속이 틀리잖아 안돼, 이건 우리 애들 거야

호랑이 : 그래? 그럼 어멈을 잡아먹는 수밖에

엄마 : 옜다, 먹어라 !!

해설 : 호랑이는 함지박에 떡이 하나도 남지 않을 때까지 갔다가는 다시 오고 갔다가는 다시 오는 것이었어요. 불쌍한 어머니는 그만 호랑이에게 잡아먹히고 말았어요……. 호랑이는 어머니의 옷을 벗겨 입고, 아이들까지 잡아먹으려고 고개를 넘어갔어요.

동생 : 오빠, 나 무서워

오빠 : 조금만 기다려 곧 엄마가 오실 거야

동생 : 가만 있어봐, 무슨 소리가 났어.

오빠 : 나도 들었어, 엄마가 오셨나 봐

해설 : 그때 , 호랑이가 문을 두드리며 말했어요.

호랑이 : 문 열어라 !!

오빠 : 어머니, 목소리가 왜 그래요

호랑이 : 음 감기가 들었나 보다, 어서 문이나 열어라

동생 : 오빠 문 열지 말고 손만 보여 달래자

오빠 : 그게 좋겠다. 저, 손 좀 보여 주세요

해설 : 호랑이는 시치미를 떼고 손을 내밀었어요.

오빠 : 손이 왜 이래요? 호랑이 손 같아요.

호랑이 : 응, 그건 헤헤……. 부엌에서 일하다가 검댕이 묻어서 그렇단다.

동생 : 오빠 아무래도 이상해, 발도 보여 달래자

오빠 : 엄마, 이번에는 발 좀 보여 주세요

해설 : 호랑이는 앞발을 쑥 들이밀었어요.

동생 : 아 ! 엄마 발이다. 저건 틀림없이 엄마 발이야. 엄마 !!

오빠 : 어, 불이 꺼졌네. 바람 때문이 예요, 엄마 호롱불을 켤게요.

호랑이 : 아니 그럴 것 없다 곧 잘 텐데…….

해설 : 호랑이는 수건을 푹 뒤집어쓰고 얼른 부엌으로 달아나는 것이었어요.

오빠 : 이상하다 설거지 할 것도 없는데

동생 : 아무래도 엄마가 아닌 것 같아

호랑이 : 너희들은 빨리 잠이나 자거라

해설 : 부엌에서 호랑이가 소리를 질렀어요.

동생 : 오빠 아무래도 이상해, 문틈으로 내다봐

해설 : 부엌을 살피던 오빠는 깜짝 놀랐어요.

오빠 : 앗 치마 뒤에 꼬리가 보인다.

동생 : 엄마가 아니야, 우리를 잡아먹으러 온 호랑이야 오빠 빨리 도망가자

해설 : 두 아이는 살며시 방을 빠져 나왔어요

오빠 : 자 우리 저 나무위로 올라가자, 호랑이는 못 올라올 거야 너도 어서 올라와 !!

동생 : 아, 오빠! 떨어질 것 같아

오빠 : 내 손을 잡고 힘을 내 ! 영차

호랑이 : 아니 요것들이 어디로 갔지

해설 : 호랑이가 부엌문을 열고 두리번거렸어요.

동생 : 오빠 호랑이가 우리를 찾아

오빠 : 쉿 조용히 해, 호랑이는 나무 위로 못 올라온단 말이야

해설 : 호랑이는 아이들을 찾아 헤메다가 우물물에 비친 오누이의 그림자를 보았어요

호랑이 : 하하하 요것들 우물 속에 들어가 있었구나. 얘들아 이리 나오너라 떡 줄께

오빠 : 싫어 안 나갈테야

호랑이 : 나와 안 나오면 내가 들어가서 너희들을 잡아먹겠다!

동생 : 하하하

호랑이 : 아니 어디에서 아이들 목소리가 나지

오빠 : 호랑이 바보!

동생 : 우리는 여기에 있는데

해설 : 아이들은 나무 위에서 호랑이를 놀려댔어요

호랑이 : 요것들 나무 위에 있었구나……. 뭐 나보고 바보라고? 요놈들이! 안 내려 온다고? 좋아 내가 올라가지. 얘들아 너희들은 어떻게 올라갔니.

오빠 : 손에 참기름을 바르고 올라왔지

해설 : 호랑이는 얼른 부엌으로 달려가 손에 참기름을 묻혀 왔어요.

호랑이 : 나도 올라간다, 끙끙 ……. 왜 이렇게 올라가기가 힘들지? 아이쿠

해설 : 호랑이는 자꾸만 엉덩방아를 찧었어요.

동생 : 하하하 재미있다 호랑이 바보 도끼를 갖다가 나무를 찍으면서 올라오면 되잖아

호랑이 : 맞아 도끼 여기 있다. 자, 올라간다.

해설 : 호랑이는 점점 가까이 올라왔습니다.

오빠 : 어 큰일이다. 호랑이가 정말 올라오네.

동생 : 어떡하지? 오빠

해설 : 호랑이는 나무 꼭대기까지 오누이를 따라 올라왔습니다.

오빠 : 하느님, 불쌍한 저희들을 살려 주세요

해설 : 하느님은 오누이의 기도 소리를 듣고 동아줄을 내려 주었어요.
그 동아줄을 붙잡고 오누이는 하늘로 올라갔어요.
호랑이는 분해서 발을 동동 굴렀어요.

호랑이 : 제게도 동아줄을 내려주세요, 하느님 !!

해설 : 그러자 하늘에서 동아줄이 내려왔어요.

호랑이 : 헤헤헤 얘들 것보다 더 굵은 동아줄이다 암 그래야지 자 호랑이 올라가신다.

해설 : 신이 나서 올라가던 호랑이는 갑자기 땅으로 뚝 떨어졌어요.
호랑이의 동아줄은 바로 썩은 동아줄이었어요.
높은 곳에서 떨어진 호랑이는 그만 죽고 말았어요.
하늘로 올라간 오누이는 하느님께 물었어요.

오빠 : 우리는 이제부터 무슨 일을 할까요

하느님 : 오빠는 해님이 되고 누이동생은 달님이 되어 세상을 고루고루 비추어라

해설 : 달님이 된 누이동생은 밤이 무서웠어요.
동생의 마음을 알게 된 하느님은 서로 하는 일을 바꾸어 주었어요.
오빠가 달님이 되고 동생은 햇님이 되었지요.

제 3 장 교육 계획안

※ 기획력

어린이들에게 총체적 언어의 개념을 학습하고 문학적 접근활동을 원활하게 지도하기 위해서는 그에 적합한 기획력도 필요하다.

교사자신에게 주어진 한 시간 또는 반시간의 동화수업을 어떻게 기획하여 진행해야 하는지는 누구나 부담이 되기도 하고 어렵게 느껴진다.

듣는 아이들의 연령이나 낯선 환경에 처할 때 동화 구연가로서 경험이 많다 해도 어느 정도는 수업을 하고난 후의 결과에 대한 부담을 떨칠 수는 없다.

※ 성실한 교육내용

이러한 어려움을 극복하기 위한 가장 좋은 방법은 일일 교육 계획안을 충실하게 작성하고 연습하여 아이들 앞에서야 한다는 것이다.

※ 순발력

충실한 교육 계획안을 짜서 현장에 간다 해도 그곳에서 일어나는 생각지 못한 여러 가지 형태의 돌발적인 일들도 일어날 수 있음을 알고 있어야 한다.

자신이 계획안 내용을 다했는데도 불구하고 시간이 남았다든지, 다 못했는데 시간이 다 지났다든지 하는 경우도 생기는데 늘 긍정적 사고로 순발력을 발휘하여 대처한다.

※ 동화구연 수업의 목적

왜 동화구연 수업을 진행하는지에 대하여 알아야 한다.

동화구연은 결국 책을 좋아하는 아이로 키우고자 하는 목적을 가지고 있음을 알고 그에 적합한 교육내용을 동화구연가는 연구해야 한다.

※ 교육계획안의 종류

1) 연간교육계획안

2) 월간교육계획안

3) 일일교육계획안

위의 교육계획안들의 예시를 들어 보는데 참고하여 더 좋은 내용으로 어린이들에게 다가가는 교사들이 되길 바란다.

교육계획안

지도강사 :

<table>
<tr><td>장 소</td><td></td><td>일 시</td><td colspan="3">년 월 일</td></tr>
<tr><td>동화제목</td><td>하양이와 까망이</td><td>소요시간</td><td>50분</td><td>대 상</td><td>6~7세</td></tr>
<tr><td>학습목표</td><td colspan="5">도움이 필요한 친구를 도와주고 배려하는 마음을 갖게 한다.</td></tr>
<tr><td>구 분</td><td colspan="4">교 육 내 용</td><td>학습자료
(준비물)</td></tr>
<tr><td>도 입
(25분)
마음열기</td><td colspan="4">1. 인사하기
싱글벙글 인사해요(함께 노래로 인사하기)
2. 복식호흡연습
들숨 : 들어가는 숨(교사가 숫자를 세어준다)
머금 숨, 날숨
3. 손유희로 마음열기
하양이 달려와 (1) 교사가 먼저 불러준다.
(2) 따라서 불러본다.
(3) 서로서로 이름 넣어서 해본다.</td><td>하양까망이
교구준비</td></tr>
<tr><td>전 개
(30분)
생각열기</td><td colspan="4">1. 하양이와 까망이 이야기 듣기
2. 재미있는 오리목소리 따라서 구연해 보기
3. 주인공 되어 역할극 해보기
(1) 까망오리, 하양오리, 독수리 역할 정하기
(2) 나머지 등장과 해설은 교사가 구연한다.
4. 역할 바꾸어 진행하기
5. 혼자서 이야기 할 친구 정하여 발표하기
6. 동화책 감상: 전래동화 감상</td><td>1.강화물 준비
2.융판교구 준비
3.머리띠 교구
(오리, 독수리)</td></tr>
<tr><td>마 무 리
(5분)</td><td colspan="4">1. 구연에 필요한 여러 가지 목소리 구연복습하기
2. 손유희 : 하양이 달려와
*주의점 : 동화를 들려준 후 교훈을 교사가 말하지 않도록 하며 어린이 스스로 교훈을 찾도록 구연에 집중한다.</td><td></td></tr>
<tr><td>평가및반응</td><td colspan="4"></td><td></td></tr>
</table>

교육계획안

지도강사 :

장 소		일 시	년 월 일		
동화제목	삐순이의 노래	소요시간	60분	대 상	유치부
학습목표	부모님의 말씀에 순종하고 친구들을 존중하는 어린이가 되게 한다.				

구 분	교 육 내 용	학습자료(준비물)
도 입 (25분) 마음열기	1.호흡과 발성 1)들숨. 머금 숨. 날숨(숫자세기) 2)모음발성(아에이오우 5번 발성) 3)1번부터7번까지 발성하기 2.손 유희 1)우리엄마인가요? 교사가 먼저 들려주기 2)등장인물 정하여 "나는 아니란다"를 말하게 한다. 3)역할을 바꾸어 말하기 4)손유희를 혼자 나와서 발표 하도록 유도한다.	동물머리띠 병아리, 닭, 강아지, 고양이, 염소 등
전 개 (30분) 생각열기	1.동화 들려주기 1)돌리는 융판 동화 감상 2)삐순이가 알에서 나오는 장면에서 도입부분의 손유희를 활용하여 어린이들의 참여를 유도하고 재미있게 구연한다. 2.역할극 꾸미기 삐순이, 엄마, 지렁이, 개미 등의 등장인물을 정하고 나와서 발표해본다 3.동화책 감상 교사가 정한 동화책을 한손으로 잡고 한쪽 손으로는 글자가 아닌 그림을 가리키며 실감나게 구연한다. (어린이들이 책속의 그림을 보도록 유도한다)	돌리는 융판 준비 엄마 닭,병아리 달걀 2,개미, 지렁이
마 무 리 (5분)	1.오늘이야기 재미있었나요? 손유희로 마무리 해 보아요 1)모든 어린이가 손유희 내용을 외우도록 그룹별로 외워보고 2)혼자도 발표해 보고, 모두 함께 발표하고 수업을 마친다.	
평가및반응	이 동화는 도입에서 "우리엄마 인가요"로 더 많은 역할극을 진행할 때 어린이들이 쉽게 참여할 수 있습니다.	

교육계획안

지도강사 :

<table>
<tr><td>장 소</td><td></td><td>일 시</td><td colspan="3">년 월 일</td></tr>
<tr><td>동화제목</td><td>쥐들의 회의</td><td>소요시간</td><td>60분</td><td>대 상</td><td>유치부</td></tr>
<tr><td>학습목표</td><td colspan="5">등장인물에 따른 목소리 익히기와 역할극 체험해보기</td></tr>
<tr><td>구 분</td><td colspan="4">교 육 내 용</td><td>학습자료
(준비물)</td></tr>
<tr><td>도 입
(25분)
마음열기</td><td colspan="4">1.손 유희 : 쥐가 한 마리
1)교사가 먼저 보여주기
2)따라서 해보기
3)함께 동작하며 불러 보기
2.호흡과 발성
1)복식호흡으로 소리내기(모음발성, 자음발성)
2)1-7번 목소리 내어보기 3)한 명씩 시켜준다.</td><td></td></tr>
<tr><td>전 개
(30분)
생각열기</td><td colspan="4">1.쥐들의 회의 이야기 들어보기
2.역할극 꾸미기
1)엄마, 아빠, 언니, 오빠, 할머니 역할 정하기
2)목소리 연습 후 나와서 발표
3)그룹별로 혹은 역할 바꾸어 반복해 보기
4)내용 숙지 후 나와서 개인 구연 발표
3.수 개념을 돕는 활동 손 유희
1)열 명의 어린이를 나와서 서게 하고
2)한명 의 고양이를 정한다.
3)쥐가 한 마리 노래를 부를 때마다 한명 두 명 세 명…어린이가 앞으로 나오고 고양이가 야옹 하면 모두 달려 제자리로 돌아간다.
4.동화책 감상</td><td>역할 머리띠
*쥐 : 5마리
고양이:1마리</td></tr>
<tr><td>마 무 리
(5분)</td><td colspan="4">구연을 돕는 손유희: 딩동 누가 왔나 봐요!
1)교사가 하고 따라 하게 한다.
동화수업 때마다 반복할 수도 있다.</td><td></td></tr>
<tr><td>평가 및
반응</td><td colspan="4"></td><td></td></tr>
</table>

교육계획안

지도강사 :

<table>
<tr><td>장 소</td><td colspan="2"></td><td>일 시</td><td colspan="3">년 월 일</td></tr>
<tr><td>동화제목</td><td colspan="2">아기돼지 삼형제</td><td>소요시간</td><td>60분</td><td>대 상</td><td></td></tr>
<tr><td>학습목표</td><td colspan="6">자신에 일에 최선을 다하는 어린이가 되고 구연으로는 3번 목소리의 음도를 안다.</td></tr>
<tr><td>구 분</td><td colspan="5">교 육 내 용</td><td>학습자료
(준비물)</td></tr>
<tr><td>도 입
(25분)
마음열기</td><td colspan="5">1.호흡과 발성
들숨, 머금숨, 날숨(교사가 숫자를 세어준다)
여러 가지 목소리의 음도 알아보기(아, 아, 아)
2.손 유희 첫 번째 돼지가 !
1)교사가 부르고 따라 하게 한다
2)"바로 그때"를 맡을 어린이선정
3)선정된 어린이와 함께 손 유희 진행</td><td></td></tr>
<tr><td>전 개
(30분)
생각열기</td><td colspan="5">1.아기 돼지 삼형제 이야기 듣기
1)동화책으로 그림을 보며 감상하기
2)교사가 만든 교구를 보여주며 한번더 구연
3)역할극에 대하여 설명해주기 설명을 들은 후 역할 정하기
⇒ 엄마, 아기돼지 3명, 늑대. 해설
4)음향 효과도 준비하여 들려준다.(늑대바람소리)
2.역할극
교사가 어린이들의 등장과 서 있는 자리를 안내한다. 초가집, 나무집, 벽돌집을 맡은 어린이 앞에 놓고 대본에 따라 진행한다.
3. 동화책감상</td><td>*돼지역할모양 4개
늑대 1
초가집
나무집
벽돌집

*음향 : 바람소리</td></tr>
<tr><td>마 무 리
(5분)</td><td colspan="5">손유희 복습
"첫 번째 돼지가"를 불러보고 시간이 남으면 응용하여 다시 한번 불러본다.
"첫번째 돼지가 방귀를 뀌었네" 상당히 즐거워 하면서 따라 한다.</td><td></td></tr>
<tr><td>평가및반응</td><td colspan="5">*동화책을 항상 들려주는 것은 동화구연의 목적이 책 속의 이야기를 구연으로 재미있게 들려줌으로써 책을 가까이 하도록 돕기 위해서이다.</td><td></td></tr>
</table>

교육계획안

지도강사 :

<table>
<tr><td>장 소</td><td></td><td>일 시</td><td colspan="3">년 월 일</td></tr>
<tr><td>동화제목</td><td>젊어지는 샘물</td><td>소요시간</td><td>60분</td><td>대 상</td><td></td></tr>
<tr><td>학습목표</td><td colspan="5">어질고 착하게 살면 복을 받고 욕심이 과하면 벌을 받는 것을 안다</td></tr>
<tr><td>구 분</td><td colspan="4">교 육 내 용</td><td>학습자료
(준비물)</td></tr>
<tr><td>도 입
(25분)
마음열기</td><td colspan="4">1.호흡과 발성
할아버지 ,할머니 목소리 내어보기
2.손 유희 : 예쁜 컵에
1)교사가 말하고 따라 하게 한다.
2)주스, 우유, 콜라 등의 종류로 손유희를 하고 나서 어린이들에게 한명씩 무엇을 마시고 싶은지를 물어서 함께 한다.</td><td></td></tr>
<tr><td>전 개
(30분)
생각열기</td><td colspan="4">1.융판 펼치고 배경도 어린이들이 보는 앞에서 꾸며본다.
예)이것은 무엇일까요? (초가집)
네 옛날에 우리나라 사람들이 살던 집이에요.
하며 너무 서두르지 않는다.
2.젊어지는 샘물을 막대 동화교구를 들고 실감나게 들려준다.
*등장인물이 말할 때는 앞뒤로 흔들어 주어서 생명력을 넣는다.
*등장 퇴장의 시점을 알맞게 하여 이야기가 흐트러지지 않도록 주의한다.
*이때 교사는 융판 뒤에서 구연하기 때문에 어린이들에게 얼굴이 보이지 않아도 되지만 산만한 아이들의 주의를 기울이며 구연한다.</td><td>*융판
*등장인물준비
(막대인형)
할아버지
할머니
파랑새
욕심할아버지</td></tr>
<tr><td>마 무 리
(5분)</td><td colspan="4">1.예쁜 컵에 손 유희 마무리
색종이를 한 장씩 나누어 주고 컵을 접어 한손으로 들고 손 유희를 해도 즐거운 시간이 될 수 있다.</td><td>색종이</td></tr>
<tr><td>평가및반응</td><td colspan="4"></td><td></td></tr>
</table>

교육계획안

지도강사 :

<table>
<tr><td>장 소</td><td colspan="2"></td><td>일 시</td><td colspan="3">년 월 일</td></tr>
<tr><td>동화제목</td><td colspan="2">아기고추 맹추</td><td>소요시간</td><td>60분</td><td>대 상</td><td></td></tr>
<tr><td>학습목표</td><td colspan="6">부모님의 깊은 사랑을 알고 순종하게 하며 구연의 화술법을 알아본다.</td></tr>
<tr><td>구 분</td><td colspan="5">교 육 내 용</td><td>학습자료
(준비물)</td></tr>
<tr><td>도 입
(25분)
마음열기</td><td colspan="5">1.호흡과 발성
1)단계식 발성 : "엄마 추워요 엄마 정말 추워요 춥다니까"
2)큰소리 작은 소리 알아보기
손유희 : 달팽이 집
2.즐거운 동요 부르기 : 고추
1)가사를 적어가서 따라 읽기
2)노래 불러보기
3)독창, 중창 등으로 함께 부른다.</td><td></td></tr>
<tr><td>전 개
(30분)
생각열기</td><td colspan="5">1.앞치마 동화
1)교사가 배경이 있는 융 앞치마를 두른다.
2)등장인물을 들고 앞뒤로 흔들어 가며 구연한다.
3)빨간색을 찾으러 일부러 어린이들에게 엄마 고추를 들고 다가가서 빨간색을 달라고 하여 함께 참여를 유도하여 흥미를 돕는다.
4)앞치마에 등장인물들을 붙여 가며 구연하고 이때 교사도 시선을 등장인물을 향하여 어린이들의 시선이 분산되지 않게 한다.</td><td></td></tr>
<tr><td>마 무 리
(5분)</td><td colspan="5">2.초록고추 맹추, 엄마고추, 할머니의 등장인물을 정하여 나와서 발표한다(교사가 구연하고 따라하는 형태).
3.전체를 구연하거나 이야기를 해보도록 유도하여 발표력 향상에 도움을 준다.</td><td></td></tr>
<tr><td>평가및반응</td><td colspan="5">1.손 유희 : 달팽이 집 복습
2.동요 부르기 : 고추는 뾰족한 고추~</td><td></td></tr>
</table>

교육계획안

지도강사 :

<table>
<tr><td>장 소</td><td></td><td>일 시</td><td colspan="3">년 월 일</td></tr>
<tr><td>동화제목</td><td>너는 최고의 작품이란다.</td><td>소요시간</td><td>60분</td><td>대 상</td><td></td></tr>
<tr><td>학습목표</td><td colspan="5">자신의 모습에 만족하고 누구보다도 특별하고 소중히 여기는 마음을 갖는다.</td></tr>
<tr><td>구 분</td><td colspan="4">교 육 내 용</td><td>학습자료
(준비물)</td></tr>
<tr><td>도 입
(25분)
마음열기</td><td colspan="4">1.호흡과 발성
1부터 20까지 들숨하고 세어보기
모음발성: 아 에 이 오 우
침 삼키고 입술 불어보기
1-7번 목소리 내기
2.손 유희 : "내가 최고야" 들려준 후 유아 혼자 발표 유도</td><td></td></tr>
<tr><td>전 개
(30분)
생각열기</td><td colspan="4">1.동화감상 : 융판 동화
1)융판을 펼치고 만들어진 자료들을 보여가며 배경을 꾸민다.
2)등장인물을 적절히 퇴장시키며 이야기 전개하기
3)이야기를 다 듣고 난 뒤 "나비야" 동요를 불러 본다.
2.대사 따라 하기
등장인물들이 어린이들에게 나와서 말 할 수 있게 돕는다.
애벌레, 개미, 무당벌레 등의 목소리를 교사가 하고 따라 말하게 한다.
3.각색하여 어린이 연극으로 꾸며보자
4.책으로 듣는 동화감상</td><td></td></tr>
<tr><td>마 무 리
(5분)</td><td colspan="4">1.손가락 가족 손 유희
아빠손가락이 회사에 가서 사장님을 만났어요 "안녕하세요?"</td><td></td></tr>
<tr><td>평가및반응</td><td colspan="4"></td><td></td></tr>
</table>

교육계획안

지도강사 :

<table>
<tr><td>장 소</td><td></td><td>일 시</td><td colspan="3">년 월 일</td></tr>
<tr><td>동화제목</td><td>소님의 고삐님</td><td>소요시간</td><td>60분</td><td>대 상</td><td></td></tr>
<tr><td>학습목표</td><td colspan="5">어른들께 공손한 말과 존댓말에 대하여 알아보고 생활에 실천한다.</td></tr>
<tr><td>구 분</td><td colspan="4">교 육 내 용</td><td>학습자료
(준비물)</td></tr>
<tr><td>도 입
(25분)
마음열기</td><td colspan="4">1.호흡과 발성 : 아. 하. 콸. 찬. 철. 팡
아아아아아
하하하하하
2.여러 가지 목소리 콸콸콸콸콸
찬찬찬찬찬
철철철철철
팡팡팡팡팡</td><td></td></tr>
<tr><td>전 개
(30분)
생각열기</td><td colspan="4">1.우리나라 존댓말 알아보기
밥 : 진지
잔다 : 주무신다 등의 말들을 교사는 문제를 내고 어린이들이 맞추게 하고 모르는 존댓말을 알려준다.
2.손 유희 율동 : 꼬마신랑
1)함께 노래 들어보기
2)앉아서 손 율동 따라 하기
3)다 함께 해본 후 나와서 해보기
3.동화감상
1)융판 펼치기
2)등장인물들을 차례로 등장시켜 재미있게 구연한다.
3)역할극 :나와서 며느리가 되어서 교사와 함께 극놀이
4)이야기 전달놀이 하기: 예)2～3명 어린이가 와서 오늘의 이야기를 차례로 전개해 본다.</td><td>*꼬마신랑 CD
*존대어카드</td></tr>
<tr><td>마 무 리
(5분)</td><td colspan="4">1.어려웠던 존댓말 다시 확인하기
2.꼬마신랑 손 율동 함께 하고 마치기</td><td></td></tr>
<tr><td>평가및반응</td><td colspan="4"></td><td></td></tr>
</table>

교육계획안

지도강사 :

<table>
<tr><td>장 소</td><td></td><td>일 시</td><td colspan="3">년 월 일</td></tr>
<tr><td>동화제목</td><td>수다쟁이 여우와 깃털</td><td>소요시간</td><td>60분</td><td>대 상</td><td></td></tr>
<tr><td>학습목표</td><td colspan="5">함께 지내는 친구를 소중히 여기고 말의 중요성을 알아본다.</td></tr>
<tr><td>구 분</td><td colspan="4">교 육 내 용</td><td>학습자료
(준비물)</td></tr>
<tr><td>도 입
(25분)
마음열기</td><td colspan="4">1.호흡과 발성
1) ㄹ 발음을 돕는 발성 : 말랑말랑,물렁물렁
2) 가나다라 : ㄱ+ㄴ+ㅇ 등을 붙혀서 발음하기
예) 각낙닥락, 간난단란, 강낭당랑
2.즐거운 동요 : 너하고 나는 친구 되어서
1) 가사 적은 노래판을 어린이들과 함께 읽기
2) 노래 따라 부르기</td><td>노래가사준비</td></tr>
<tr><td>전 개
(30분)
생각열기</td><td colspan="4">1.동화 감상
1) 막대동화 나 융판 동화로 먼저 들려준다.
2) 동화를 듣고 역할극을 동화내용의 반대로 표현하게 한다.
여우는 부정적인 표현으로 친구들을 마음 상하게 했지만 역할을 맡은 여우 친구는 다른 등장인물 토끼, 쥐, 돼지를 칭찬하는 언어를 선택하여 긍정의 표현을 하도록 유도한다.
3) 여러 그룹을 반복적으로 나오게 하여 발표한다.
2.말과 깃털의 비유 보여주기: 보이지 않고 소리로 들려지는 말의 쓰임새와 깃털의 가벼움을 비교하여 교사가 준비한 작은 자루와 깃털을 준비하여 어린이들과 게임진행</td><td>1.융판 교구준비
2.소자루, 깃털소량</td></tr>
<tr><td>마 무 리
(5분)</td><td colspan="4">1.손 유희 : "내 마음이 즐거우면" 함께 배워보기
손 유희는 어린이들이 즐기면서 암송하도록 반복
2.다 함께 동요를 부르고 마친다 : 너하고 나는</td><td></td></tr>
<tr><td>평가및반응</td><td colspan="4"></td><td></td></tr>
</table>

교육계획안

지도강사 :

<table>
<tr><td>장 소</td><td></td><td>일 시</td><td colspan="3">년 월 일</td></tr>
<tr><td>동화제목</td><td>해와 달이 된
오누이</td><td>소요시간</td><td>60분</td><td>대 상</td><td></td></tr>
<tr><td>학습목표</td><td colspan="5">동화를 감상하고 구연의 화술을 재미있게 경험해 본다.</td></tr>
<tr><td>구 분</td><td colspan="4">교 육 내 용</td><td>학습자료
(준비물)</td></tr>
<tr><td>도 입
(25분)
마음열기</td><td colspan="4">1.즐거운 호흡과 발성 : 모음발성, 자음발성
1번부터 7번까지 목소리 내어보기
*딩동 누가 왔나 봐요
어린이들과 함께 합창으로 손 유희 진행하고
한명 씩 시켜본다</td><td></td></tr>
<tr><td>전 개
(30분)
생각열기</td><td colspan="4">1.오누이 동시 배우기
1)교사가 먼저 들려준다.
2)따라 말해보기
3)어린이 2명(남·여) 나와서 해보기
4)혼자서 암송해 보기
2.이야기 감상
1)융판 펼치며 배경도 부쳐본다.
2)초가집의 모양과 누가 살았는지, 우리나라
옛날 집이었음도 이야기 나눈다.
3)전래동화로 바로 들어가기 전에 오누이가
술래잡기놀이를 하는 장면으로 연출하며
즐겁게 이야기를 시작한다.
예) “오빠 오빠 우리 술래잡기하자”
“알았어 그럼 네가 술래 해”
“싫어 오빠가 해” 이렇게 시작한다.
3.이야기를 진행하다 엄마를 기다리면서 동시를 외운다.</td><td></td></tr>
<tr><td>마 무 리
(5분)</td><td colspan="4">1. 2명의 어린이를 나오게 하여 별 옷을 입히고
2. 동시를 낭송하게 한다.
3. 다 함께 합동으로 낭송하고 마친다.</td><td>별 옷 준비</td></tr>
<tr><td>평가및반응</td><td colspan="4"></td><td></td></tr>
</table>

교육계획안

지도강사 :

장 소		일 시	년 월 일		
동화제목	집을 팝니다	소요시간	60분	대 상	
학습목표	언어 구사력 향상				

구 분	교 육 내 용	학습자료 (준비물)
도 입 (25분) 마음열기	1.손 유희 : 무릎치고 손뼉치고 (들려줄 동화의 등장인물들 표현하기 : 바둑이, 오리, 돼지, 하마, 고양이 등) 2.호흡과 발성 : 들숨, 머금숨, 날숨 모음발성 1-7번까지 여러 가지 목소리 내어보기	
전 개 (30분) 생각열기	1.동화 듣기 융판을 이용하여 등장인물 차례대로 내보이며 구연한다. 주의점 : 언어를 연결해 가는 발음을 정확하게 강조하며 들려주기 2.역할극 꾸미기 등장인물 1)바둑이(바둑이를 맡은 아이는 "집을 팝니다" 팻말을 들고 시작 하게 한다. 2)등장인물 차례대로 줄을 정렬시켜서 극을 이어간다. (줄을 세우지 않으면 산만해짐) 3)바둑이가 오른쪽이면 다른 등장인물 들은 반대쪽인 왼쪽으로 줄을 세워 이어간다.	교구
마 무 리 (5분)	*다함께 구연해 보기 "집을 팝니다. 집을 팔아요 빨간 지붕에 창문도 있고 꽃밭도 있고 울타리도 있는 집을 팔아요"	
평가및반응		

교육계획안

지도강사 :

<table>
<tr><td>장 소</td><td></td><td>일 시</td><td colspan="3">년 월 일</td></tr>
<tr><td>동화제목</td><td>토끼와 호랑이</td><td>소요시간</td><td>60분</td><td>대 상</td><td></td></tr>
<tr><td>학습목표</td><td colspan="5">즐거운 연극 체험하기</td></tr>
<tr><td>구 분</td><td colspan="4">교 육 내 용</td><td>학습자료
(준비물)</td></tr>
<tr><td>도 입
(25분)
마음열기</td><td colspan="4">1.호흡과 발성 : 1부 20까지 숫자 세어보기
1번에서 7번 까지 목소리 내어보기
2.손유희
1)산토끼 동요 부르기
2)산토끼 나와라 “얍” 함께 노래 부르며 손동작
3)산토끼 곡에 가사 바꾸어 부르기
*기쁠 땐 이렇게 슬플 땐 이렇게 화가 날 땐 이렇게</td><td></td></tr>
<tr><td>전 개
(30분)
생각열기</td><td colspan="4">1.토끼와 호랑이 이야기 감상
1)선생님의 동작으로 이야기를 전개한다.
2)이야기 듣고 토끼의 꾀를 이야기 나눈다.
3)호랑이의 동작 설명듣기
4) 떡 교구를 이용해서 숫자 세어보기
2.역할극
1)토끼, 호랑이 역할정하기(2명의 어린이 나온다)
2)교사가 내용을 연결하면서 어린이들이 대사를 하도록 도와준다.
3)다른 어린이들도 역할 바꾸어 반복진행
3.그림책동화 감상</td><td>*호랑이, 토끼 의상이나 머리띠

*바구니, 돌떡 교구</td></tr>
<tr><td>마 무 리
(5분)</td><td colspan="4">1.손유희
1)산토끼 노래 부르고 손유희
2)기쁠 땐 이렇게</td><td></td></tr>
<tr><td>평가및반응</td><td colspan="4"></td><td></td></tr>
</table>

교육계획안

지도강사 :

장 소		일 시	년 월 일		
동화제목	열매들의 자랑	소요시간	60분	대 상	
학습목표	열매들의 장점을 알아보고 재미있게 표현해 본다.				

구 분	교 육 내 용	학습자료 (준비물)
도 입 (25분) 마음열기	1.노래로 하는 즐거운 발성 1)사과 같은 내 얼굴 2)고추 밭에 고추는 3)만약에 김치가 없었더라 *어린이들과 함께 불러본다	
전 개 (30분) 생각열기	1.융판 동화 : 동화감상하기 열매들이 등장 할 때마다 교사는 노래를 불러가며 흥을 돋운다. 노래를 부를 때 어린이들에게 박수도 유도함. 2.동화 감상 후 : 사과, 고추, 호박, 배추 등의 등장인물 정하기 각자 맡은 어린이는 자신의 말로 자신에게 주어진 열매를 자랑하게 한다. 어린이가 머뭇거리면 교사 대사를 구연해 주고 따라 말하게 돕는다. 3.한 명의 어린이가 나와서 어떤 내용이었는지 이야기 전달하기를 시켜보고 익숙해지면 구연의 자세 및 화술도 지도해 준다.	융판 동화
마 무 리 (5분)	1.오늘의 여러 동요들을 흥겹게 함께 불러본다. 2.독창을 할 수 있는 어린이가 있으면 나와서 부르게 하여 발표력과 자신감을 키운다.	
평가및반응		

교육계획안

지도강사 :

<table>
<tr><td>장 소</td><td></td><td>일 시</td><td colspan="3">년 월 일</td></tr>
<tr><td>동화제목</td><td>요건 내 떡</td><td>소요시간</td><td>60분</td><td>대 상</td><td></td></tr>
<tr><td>학습목표</td><td colspan="5">서로 양보하고 나누는 사람이 되어요</td></tr>
<tr><td>구 분</td><td colspan="4">교 육 내 용</td><td>학습자료
(준비물)</td></tr>
<tr><td>도 입
(25분)
마음열기</td><td colspan="4">1.호흡과 발성 : 1-7번 목소리 내어보기
2.손 유희 : 아기 참새 날아와
1)교사가 말하고 따라한다
2)등장인물을 정하여주고 짧게 말하게 도와준다.
3)다 같이 불러본다</td><td></td></tr>
<tr><td>전 개
(30분)
생각열기</td><td colspan="4">1.동화감상 : 요건 내떡
1)융판을 펼친다.
2)동화감상
3)역할극 꾸미기
⇒ 할머니, 할아버지, 마당쇠 역할 정하고
그 외 해설과 등장인물은 교사가 한다.
2.역할대본을 간단하게 각색한다.
예) "돌쇠가 떡을 가져 왔어요"
"할머니 안녕하셔요. 여기 떡이 있으니 드셔보셔요"
"아이고 고맙기도 해라"
"그럼 안녕히 계셔요 할아버지도 맛있게 드셔요."
긴 대본이지만 어린이들이 쉽게 할수 있게
짧게 각색을 하여 수업시간 안에 내용을 잘
파악 하도록 하며 역할극도 재미있게 유도한다.
3.동화책감상
(위의 길이에 따라 2권정도 읽어주어도 좋음)</td><td></td></tr>
<tr><td>마 무 리
(5분)</td><td colspan="4">1.마무리 : 아기 참새 날아와
어린이 순서 별로 역할을 주어 대답하게 한다.
예) 아기 참새 날아와 "벼이삭 좀 먹을게요"
엄마 참새 날아와 "벼이삭 좀 먹을게요"
아빠, 오빠, 허수아비 할아버지…</td><td></td></tr>
<tr><td>평가및반응</td><td colspan="4"></td><td></td></tr>
</table>

강 좌 명	이야기 듣는 어린시인		
강 사 명	변 정 원	수업대상	초등(1~3)
강의목표 및 개요	책 속의 이야기를 다양한 장르를 접하면서 책과 친숙해지며, 읽기의 즐거움을 알고 말하기 기법을 시로 낭송해 보면서 고운 감성을 키운다.		

구분	강 의 내 용	준 비 물
	1. 호흡과 발성 : 말하기 기법을 위한 화술 법 알아보기 ○ 단전호흡 의 중요성 알기 ○ 목소리에도 번호가 있어요 ○ 1번부터 7번까지 목소리 익히기 2. 동시와 함께하는 즐거운 발성과 감성으로 시낭송 (나도 시인 이다!) ○ 엄마하고(박목월) ○ 엄마는 대번 아세요(윤석중) ○ 오누이(조명제) 등의 동시 중 택하여 진행 3. 이야기를 모으는 책 이야기 감상 (프레드릭 등의 명작, 전래) 4. 책 속의 주인공이 살아있는 테이블 인형극 감상 5. 역할극 꾸며보기 : 어린이들이 즉석에서 나와서 동화 속의 주인공이 되어 발표해 보기	○ 학교준비물 테이블, 의자 ○ 학생 준비물 없음 ○ 나머지 모두 강사가 준비함

제 4 장 동화모음

〈구연을 위한 동화모음〉

쥐들의 회의

엄마 쥐가 울먹이며 소리쳤어요.

“고양이가 막내를 물어 갔어요. 글쎄 이일을 어쩌면 좋아!”

그래서 쥐 가족이 모두 모여 의논을 했어요.

아빠 쥐가 근심하며 말했어요.

“고양이가 오는 걸 미리 알 수 없을까

언니 쥐가 눈을 동그랗게 뜨고 말했어요.

“고양이의 목에 방울을 달면 되지요.”

오빠 쥐가 큰소리로 말했어요.

“그래요, 딸랑딸랑 소리가 나면 모두 도망가요”

그러자 할머니 쥐가 힘없이 말했어요.

“그러면, 누가 고양이 목에 방울을 달고 오겠느냐

그 말에 쥐들은 아무 대답도 하지 못했답니다.

도우미: 목소리 종합 훈련 동화입니다.
감정을 이어가도록 구연한다.(단어 및 문장의 높낮이, 길이, 속도, 숨쉬기, 세게 표현하기 등을 고저, 장단, 완급, 띄기, 강세표현)

다섯손가락

다섯 개의 손가락이 오순도순 살고 있었어요.

어느 날 엄지손가락이 큰소리로 말했어요.

"얘들아! 너희들 우리들 중에서 누가 최고 인지 아니 그건 바로 나란 말이야. 최고라고 할 때도 이렇게 하잖아. 그러니까 내가 아빠 손가락이지."

"아니 무슨 말씀을…. 나는 저기 저 비행기 날아간다. 저기 저 높은 산 좀 봐. 이렇게 높은 곳을 가리킬 수 있잖아요. 그러니까 제가 최고지요."

둘째손가락과 엄지손가락이 서로 최고라고 싸우고 있을 때 제일 긴 손가락이 말했어요.

"흥! 그렇담 누가 제일 키가 큰지 재어 볼까요? 자 보세요. 누구의 키가 제일 크죠. 네 그래요 바로 저예요. 그러니까 제가 최고란 말이예요."

"아니, 얘가 무슨 말을 하는 거야. 너 귀한 보석반지를 어디다 끼는 줄 아니? 여기다 끼니? 여기다 끼니? 바로 내가 낀단 말이야. 그래서 내가 최고야."

이렇게 셋째 손가락과 넷째 손가락이 싸우고 있을 때 아기 손가락이 말했어요.

"언니 오빠는 내가 없으면 어떻게 할 거야? 코가 간지러울 때, 귀가 간지러울 때, 친구들과 꼭꼭 약속할 때 내가 없으면 발가락으로 할 거야? 이렇게 작지만 내가 최고란 말이야."

다섯 손가락의 이야기를 모두 듣고 있던 손바닥이 말했어요.

"얘들아, 떠들지 마라. 너희들이 아무리 잘났다고 해도 손바닥인 내가 없으면 한 시간이라도 살 수 있니? 살 수 있어"

손바닥의 말에 손가락 들은 너무 부끄러워 고개를 푹 숙였대요.

그래서 지금까지도 손가락 들은 앞으로만 구부러지고 뒤로는 구부러지지 않는 답니다.

우리 엄마인가요

하얀 알이 톡톡 깨지며 병아리가 쏘옥 나왔어요.

삐악삐악 우리 엄마인가요?

멍멍 나는 아니란다.

삐악삐악 우리 엄마인가요?

야옹 나는 아니란다.

삐악삐악 우리 엄마인가요?

음메에에 나는 아니란다.

삐악삐악 우리 엄마인가요?

꼬꼬댁 꼬꼬댁 그래. 내가 엄마란다. 이리온(안아주기)

병아리는 엄마품에 꼭 안겼답니다.

비오는 날

초롱이는 노란 우산을 샀어요.
어느 날 비가 내렸어요.
"와! 비가 온다"
비가 오자 초롱이는 우산을 쓰고 밖으로 나갔어요.
"해바라기야! 내가 우산을 씌워줄까."
"난 비 맞는 걸 좋아해"
해바라기는 고개를 저었어요.
"개구리야 우산을 씌워줄까"
"개굴 개굴, 나도 비맞는 걸 무척 좋아해"
개구리도 싫다고 했어요.
초롱이는 그만 슬퍼졌어요.
그때 나무 뒤에 숨어있던 나비가 말했어요.
"초롱아 나는 우산을 쓰고 싶어"
"나비구나 이리와 내가 우산을 씌워줄께"
"고마워"
초롱이는 나비와 친구가 되어 기뻤답니다.

아기붕어

엄마붕어가 수초 옆에 알을 낳았어요.

알을 잘 자라서 예쁜 물고기가 되었지요.

그런데 어떻게 해요

아기붕어에게 수염이 자라지 뭐예요!

엄마붕어는 아기붕어에게 수염이 없어지는 알약을 먹였어요.

하지만 수염은 자꾸만 자라났어요.

할 수 없이 물고기 병원으로 갔어요.

"선생님 아기붕어에게 수염이 자라고 있어요."

"이런, 잉어네 아기랑 바뀌었군요."

"네에"

"붕어는 수염이 없고, 잉어는 있답니다."

"그걸 몰랐군요."

엄마붕어는 아기붕어를 데리고 왔답니다.

세 가지 소원

옛날 어느 마을에 할아버지와 할머니가 살고 있었어요.
어느 날 천사가 세 가지 소원을 들어주겠다고 했어요.
"할멈, 아 무슨 소원을 말할까?"
"글쎄요, 어떻게 하면 제일 큰 소원을 말할까요?"
그러다가 저녁이 되었어요.
"아이구, 배고파. 커다란 소시지나 하나 있었으면…."
할아버지는 자기도 모르게 중얼거렸어요.
그러자 소시지 하나가 갑자기 뚝 떨어지지 않겠어요.
"아이구! 영감, 첫번째 소원이 겨우 소시지 한 개가 뭐예요?"
할머니가 화를 내자 할아버지도 화가 났어요.
"에이 이놈의 소시지, 저 할멈 코에나 붙어 버려라."
그러자 철썩 두번째 소원이 이루어 졌어요.
"아이고 내 코야. 영감 이 소시지 좀 떼어줘요."
결국 욕심을 부리다 소시지 하나 밖에 얻지 못했답니다.

도깨비를 만난 아기 돼지

아기 돼지가 길을 가다가 도깨비를 만났어요.

"고녀석 참 맛있게 생겼구나."

아기 돼지는 무서웠지만 용기를 냈어요.

"도깨비님 죽기 전에 딱 한가지 소원이 있어요"

"그게 뭐냐?"

"도깨비님은 뭐든지 할 수 있죠? 그럼 한번 수박만큼 작아져 보세요"

"깨비깨비 도깨비 작아져라 작아져라 얍"

도깨비는 수박만큼 작아졌어요.

"이젠 너를 꿀꺽 삼켜야겠다"

"도깨비님 이번엔 메론만큼 작아져 보세요"

"깨비 깨비 도깨비 작아져라 작아져라 얍"

도깨비는 메론만큼 작아졌어요.

"와 대단하다. 도깨비님 마지막으로 딱 한번만 달걀만큼 작아져 보세요"

"이젠 마지막이다. 깨비깨비 도깨비 작아져라 작아져라 얍"

도깨비는 달걀만큼 작아졌어요.

아기 돼지는 달걀만큼 작아진 도깨비를 꿀꺽 삼켜 버렸대요.

쥐와 개구리

어느 날 숲 속에서 쥐와 개구리가 만났어요.

"개구리야, 우리 심심한데 달리기 시합할까?"

"달리기? 음, 그거 재밌겠는데…."

쥐는 쪼르르 개구리는 폴짝폴짝 열심히 뛰었지요.

"헉헉 따라 갈수가 없네. 야 생쥐야 좀 천천히 가."

"어, 이제 보니까 순 느림보잖아. 생쥐님이 기다려 줄 테니까 빨리와."

"뭐? 느림보"

개구리는 화가 머리 끝까지 났어요.

개구리는 한가지 방법을 생각해 냈지요.

"생쥐야 우리 친구 맞지"

"응. 그런데 갑자기 왜"

"그래서 말인데 한쪽다리를 같이 묶고 뛰면 어떨까"

둘은 정답게 폴짝폴짝 뛰어 갔어요.

"아이, 숨차, 개구리야 그만하자."

그때였어요. 갑자기 개구리가 연못쪽으로 풀쩍 뛰어들지 않겠어요.

"얘들아 장난 그만 쳐라. 그러다 큰일난다."

고니 할머니가 외쳤지만 개구리는 들은 척도 안 했어요.

개구리는 불끈 더 힘을 주더니 생쥐를 데리고 물속으로 풍덩 빠지고 말았어요.

"혼좀 나봐라. 이 개구리님 보다 잘난 척을 하다니…"

그때 멀리서 매 한 마리가 쌩 날아오더니 생쥐를 확 낚아챘어요.

"안 됐다. 생쥐야, 잘가."

"어, 내다리!"

개구리는 자기도 함께 묶인 걸 깜빡 잊고 있었지 뭐예요!.

예쁜 자갈 알록이

알록이는 아주 작고 예쁜 자갈이에요.

깨끗한 물이 흐르는 강가에 살고 있지요.

하늘에 흰 구름이 말했어요.

"넌 참 예쁘게 생겼구나! 이 다음에 훌륭한 일을 해야지." 시원한 바람도 말했어요.

"넌 야무지게 생겼구나! 앞으로 훌륭한 일을 해야 한다."

따뜻한 햇님도 말했어요.

"넌 참 영리하게 생겼구나! 훌륭한 일을 하겠어"

"네. 난 앞으로 훌륭한 일을 할 거예요"

알록인 기분이 좋았어요.

그러던 어느 날 알록인 어디론가 가고 있어요.

"난 지금 어디로 가는 걸까 옆에 있는 모래가 말했어요."

"우린 지금 훌륭한 일을 하는 거야."

그 후 알록이는 수많은 곳을 돌아 모래와 시멘트와 물과 섞여서 드디어 커다란 집에 단단한 기둥이 되었답니다.

아기 돼지 삼형제

손유희 : 첫 번째 돼지가

엄마돼지 : 얘들아 너희들도 이제 다 컷 으니 너희들 집은 너희가 지어야 한다.

돼지들 : 알았어요. 엄마

첫번째 돼지 : 아이 귀찮아! 난 지푸라기로 집을 지어야지. 그리고 낮잠이나 실컷 자야지!

두번째 돼지 : 나는 나무로 빨리 집을 지을 거야. 그리고 맛있는 거 많이 먹어야지.!

세번째 돼지 : 나는 아무리 힘들어도 튼튼한 벽돌로 집을 지을 거야.
영차 영차!

늑대 : 아이고 배고파 저기 돼지들을 꿀꺽 삼켜야겠다.
아니 돼지들이 집을 지었네.
이까짓 짚으로 만든 집? 에잇 후-

첫째 : 어어! 집이 날아간다. 둘째야-

늑대 : 이제 두 마리를 먹게 되었군! 이까짓 나무로 만든 집? 에잇 후-

둘째, 첫째 : 어어, 집이 날아간다. 셋째야-

셋째돼지 : 형들 왜 그래요.

둘째, 첫째 : 늑대가 우리들의 집을 모두 무너뜨렸어.

셋째 : 우리 집은 걱정 없어요.

늑대 : 옳지 이제 세 마리를 먹게 되었군. 에잇, 후-, 아니? 끄떡도 안 하네 에잇 쿵- 아이고 머리야 아이고 머리야 도망가야겠다.

돼지 : 와 만세 우리가 늑대를 이겼다. 만세 만세! 엄마 엄마 우리가 늑대를 이겼어요.

엄마 : 어머나 장하구나 우리 신나게 노래하자.

곰돌이 이야기

오늘은 곰돌이가 혼자서 자는 날이에요.
"곰돌아, 혼자서 잘 수 있겠니?"
"네, 엄마. 걱정 마세요."
그렇지만 '위잉 위잉' 바람이 창문을 흔들자 곰돌이는 무서웠어요. '똑똑'
"곰돌이 에요, 엄마. 창문이 자꾸 흔들려요."
곰돌이는 엄마 방문을 두드렸어요.
"음, 곰돌아. 바람이 심술을 부리는 거란다. 코-자고 내일 아침에 올래"
문 앞에 선 곰돌이는 눈물이 나오려고 했어요.
"우리 곰돌이는 참 씩씩하구나."
아빠 말씀을 듣고 곰돌이는 얼른 제방으로 돌아왔어요.
"헤헤. 나는 씩씩한 곰돌이야. 바람은 하나도 안 무서워."
이불 속으로 들어간 곰돌이는 코 잠이 들었답니다.

욕심장이 원숭이

욕심이 아주 많은 원숭이가 있었어요.
어느 날 하얀 병 속에 있는 과자가 탐이 났어요.
"내가 다 꺼내 먹어야지."
원숭이는 병에 손을 넣고 과자를 꺼내려 했어요.
"어-큰 일 났네. 손이 나오지를 안잖아!"
원숭이는 울상이 되었어요.
그 때 토끼가 이렇게 말했어요.
"원숭이 아저씨! 욕심 내지 말고 한 개씩 집으면 되잖아요."
원숭이는 얼굴이 빨개졌답니다.

영리한 하인

옛날에 하인을 많이 거느린 주인이 먼 곳으로 여행을 떠나게 되었어요.

그래서 하인들은 짐을 가지고 주인을 따라가게 되었어요.

하인들 중에 몸도 약하고 짐을 지는 일에도 서투르지만 영리한 하인이 하나 있었어요.

주인이 말했어요.

"너는 특별히 봐 줄 테니 가장 가벼운 짐을 지고 가도록 하여라."

그러나, 영리한 하인은 짐 중에서 가장 무거운 쌀자루를 지고 나서는 것이었어요.

"참 바보 같은 녀석이군."

하고 다른 하인들이 킬킬 거리며 흉을 보았어요.

하지만, 쌀은 양식이었으므로 하루하루 지나갈수록 점점 줄어들더니 마침내 빈 자루가 되었어요.

언제까지나 줄지 않는 짐을 진 하인들은 영리한 하인의 빈 자루를 보며 부러워했답니다.

엄마 게와 아기 게

엄마 게와 아기 게가 바닷가를 걷고 있었어요.

"영차 영차 영차"

"아니! 얘야, 너는 왜 옆으로 걷니? 똑바로 걸어야지!"

"알았어요, 엄마 다시 걸어 볼께요".

아기 게는 다시 걸어보았어요.

"영차 영차 영차"

하지만 옆으로만 걸어갔어요.

"아니 얘가 똑바로 걸으라니까!"

"엄마 똑바로 걸으려면 어떻게 걸어야 되요?"

"엄마가 한번 걸어보세요. 그럼 제가 따라서 걸을 테니까요!"

"자, 그럼 엄마가 걷는 것을 잘 보거라"

엄마 게는 걸어보았어요.

"영차 영차 영차"

"에게게! 엄마도 옆으로만 걸으시면서 나보고만 똑바로 걸으래요? 하하하하"

엄마 게와 아기 게는 서로 쳐다보며 웃었답니다.

옹달샘

깊고 깊은 숲속에 작은 옹달샘이 있었어요.

옹달샘은 아주 작아서 숲 속 동물들이 눈에 잘 보이지도 않았지만, 많은 샘물이 끊임없이 나왔어요.

옹달샘을 찾아오는 손님들은 모두 작은 동물들이었어요.

꼬마동물들은 신나게 뛰어 놀다가 목 이 마르면 옹달샘에 달려왔어요.

"옹달샘아 나 목말라, 나 물좀 줘."

"그래 마시렴!"

"넌 너무 작은 옹달샘이야, 내가 다 마셔 버릴테야!"

"그래 좋아, 마시고 싶은 만큼 마셔!"

꼬마 동물들이 욕심을 부리며 마셔도 옹달샘은 그대로 있었어요.

어떤 동물도 옹달샘을 다 마실 수는 없었어요.

"이상하다, 우리가 자꾸만 먹어도 넌 그대로 있네."

"으응 나도 이상해." 옹달샘이 맑은 소리로 말했어요.

깊은 숲속 작은 옹달샘은 지금도 작은 동물들과 사랑을 하고 있어요.

주어도 주어도 마르지 않는 사랑을요. 마셔도 마셔도 마르지 않는 샘물은 사랑이에요.

업어주는 자동차

석이는 엄마와 같이 동화책을 사 가지고 오늘 길이에요.

"엄마, 다리 아파요. 우리도 차 타고 가요."

"저것 봐라, 사람이 너무 많아 탈 자리도 없어."

"에이, 우리는 자가용도 없어."

석이가 투덜거렸어요.

"자가용? 없긴 왜 없니? 자 타세요."

엄마의 말씀에 석이는 헤헤 웃으며 엄마 등에 업혔지요.

"업어주는 자동차 출발!"

업어주는 자동차는 약국을 지나고 시장을 지나 언덕 앞에 끼~익 멈추었어요.

"왜 그러세요? 무슨 사고라도 났나요?"

"아휴, 기름이 다 떨어졌어요. 노래 기름을 넣어 주세요."

"아이 참! 엄마는, 알았어요."

엄마의 말씀에 석이는 노래를 부르기 시작했어요.

"여름 여름 여름 즐거운 여름~ 시원한 냇가에서 고기잡이 합시다. 랄랄 랄라~"

노래 기름을 넣어주다 보니 어느새 석이네 집 앞이에요.

"손님, 다 왔습니다. 차비 주셔야죠."

"네, 차비 받으세요. 뽀뽀"

석이는 엄마의 웃는 볼에 뽀뽀를 해 주었지요.

"엄마, 업어주셔서 고맙습니다. 이 다음에 제가 크면 엄마 꼭 업어 드릴게요."

고양이가 맡은 생선가게

옛날, 욕심 많은 고양이가 살고 있었어요.

"야옹아, 생선 좀 지켜줄래? 급한 일이 생겼구나."

생선가게 아저씨는 고양이에게 부탁하고 밖으로 나갔어요.

"아! 맛있는 고기들, 살짝 한마리 먹어도 모를테지.

"오도독 오도독, 이 가자미 꿀맛인걸."

"히히, 요렇게 날씬한 꽁치는 없어져도 모를꺼야."

고양이는 생선들을 차례차례 먹어 치웠어요.

"아, 배부르다."

고양이는 그만 잠이 들었어요.

잠시 후, 돌아온 아저씨는 깜짝 놀랐어요.

"야옹아, 어서 일어나. 생선들이 다 어디로 갔지.

"네… 저…그게요, 넙치란 놈이 '넙죽' 엎드리니까 꽁치가 '꽁' 때렸어요. 잘못해서 잉어가 맞아서 '잉잉' 울었거든요."

"그래서?"

"그러니까 가자미가 시끄럽다고 밖으로 '가자, 가자' 하대요."

기가 막힌 아저씨는 입이 딱 벌어졌어요.

"그러니까 옆에 있던 가오리가 '나도 가오리' 하고 따라 나갔어요."

"그럼, 놀래기는 어떻게 된 거야?"

"그야 잠자다 깜짝 놀래서 그냥 따라갔지요."

"네 말이 모두 사실이렸다!"

"아- 그럼요."

"네 이놈!"

아저씨는 고양이의 목을 덥썩 잡았어요.

"그렇다면 저 구석에 있는 꼼장어가 '꼼짝마라' 하는 것도 보이느냐 끝까지 어른에게 거짓말을 하다니, 고약해서 '고양이'로구나."

그날부터 사람들은 고양이에게 생선가게를 맡기지 않았답니다.

꼬질꼬질 도깨비

이 세상에서 제일 더러운 도깨비가 있었어요.

그건 바로 꼬질꼬질 도깨비에요.

"아휴! 냄새야. 아이. 더러워!"

모두들 꼬질꼬질 도깨비를 보자 달아나 버렸어요.

"애들이 나를 싫어하는 건. 다 비누 때문이야. 무슨 좋은 수가 없을까? 그래! 온 동네 비누를 모두 감춰 버려야지."

방안에도 숨기고, 주머니, 양말 속, 나머지 한 개는 꿀꺽 삼켰어요.

"히히. 이젠 아무도 씻지 못할 거야."

그런데 갑자기 비가 내리기 시작했어요.

꼬질꼬질 도깨비의 몸에서 거품이 마구 쏟아지기 시작했죠.

"어푸 어푸. 꼬질꼬질 도깨비 살려!"

"와 친구야! 우리 같이 놀자!"

"친구라구? 이젠 날보고 도망치지 않니?"

"그럼 넌 예쁘고 깨끗한 친구인걸."

비누와 빗물이 꼬질꼬질 도깨비의 얼굴을 깨끗하게 씻어 주었던 거예요.

해바라기랑 나팔꽃이랑

해가 밝게 뜬 어느 날, 땅 속에 새싹들이 흙을 밀치고 나왔어요.
나팔꽃, 채송화, 해바라기……
새싹들은 따뜻한 햇살을 받으며 시원한 물도 마셨어요.
지나가는 바람에 살랑살랑 춤도 추었지요.
"야, 이젠 우리들 몸도 제법 튼튼해졌는걸."
그런데 나팔꽃은 몸이 너무 가늘어 혼자 설 수가 없었어요.
"채송화야, 내 손 좀 잡아줘."
"난 키가 작아서 안돼."
그러자 옆에 있던 다른 꽃이 비웃었어요.
"설 수 없으면 누워 있으렴."
이 때 부드러운 목소리가 들렸어요.
"나팔꽃, 이리와."
키가 큰 해바라기였어요.
"난 키도 크고 온 몸에 털도 많으니까 미끄러지지 않을 거야."
"해바라기 아주머니, 고맙습니다."
나팔꽃은 해바라기를 감으며 올라갔어요.
해바라기는 힘이 들었지만 나팔꽃을 꼭 잡아 주었어요.
나팔꽃은 아침이 되자 '또따 또따' 다른 친구들을 깨워 주었지요.
옆에서 비웃던 친구들도 이제 사이좋은 친구가 되었답니다.

세 마리 염소

이른 봄날 아빠염소, 엄마염소, 아기염소가 풀을 뜯고 있었어요.
"여보, 어떡하죠? 이제 먹을 풀이 없으니."
엄마염소는 걱정스러운 목소리로 말했어요.
"우리 건너편 풀밭으로 이사 가면 어떨까요?"
"글쎄, 건너편으로 가려면 다리를 건너야 될 텐데…
다리 밑에는 무서운 괴물이 살고 있으니, 어휴……."
"그러게요. 어쩌면 좋아요."
아빠 염소는 무릎을 탁 치며 말했어요.
"자, 내게 좋은 생각이 있소."
세 마리 염소는 모여서 속닥속닥 의논을 했지요.
그리고 제일 먼저 아기염소가 다리를 건넜어요.
그러자 다리 밑의 괴물이 소리쳤지요.
"내 다리를 지나는 게 누구냐? 너를 잡아먹겠다."
아기 염소는 벌벌 떨면서 말했어요.
"전 아기염소예요. 제발 저를 잡아먹지 말아요.
내 뒤에는 나보다 더 살찐 염소가 오거든요."
괴물은 아기염소를 보내주었어요.
다음에는 엄마염소가 다리를 건너기 시작했어요.
"내 다리를 지나는 게 누구냐? 너를 잡아먹겠다."
"난 엄마염소예요. 제발 나를 잡아먹지 말아요.
내 뒤에는 나보다 더 살찐 염소가 오거든요."
괴물은 엄마염소를 보내주었어요.
이번에는 아빠염소가 다리를 건너기 시작했어요.
"내 다리를 지나는 게 누구냐? 너를 잡아먹겠다."
"나다. 아빠염소다! 덤빌 테면 덤벼봐."
아빠염소는 머리에 있는 커다란 뿔로 괴물을 쳐서 물속에 풍덩 빠뜨렸지요.
그 후 다리를 건넌 염소가족들은 넓은 풀밭에서 마음껏 풀을 먹게 되었답니다.

누가 내 머리에 똥 쌌어?

등장인물 : 해설, 두더지, 비둘기, 말, 토끼, 염소, 소, 파리, 개

해 설 : 어느 날 두더지가 해님이 나왔는지 보려고 땅위로 고개를 쑥 내밀었어요.

그때, 두더지의 머리위로 뭉글뭉글하고 갈색을 띤 것이 "뚝" 떨어졌어요.

두더지 : 아니, 이게 뭐야! 누가 내 머리에 똥 쌌어?

(비둘기에게 다가가) 네가 내 머리에 똥 쌌지?

비둘기 : 나? 아니야. 내가 왜? 내 똥은 이렇게 생겼는걸.

(비둘기는 하얀 물똥을 두더지의 발 앞에 철썩 떨어뜨린다)

두더지 : (말에게 다가가) 네가 내 머리에 똥 쌌지?

말 : 나? 아니야. 내가 왜? 내 똥은 이렇게 생겼는걸.

(말은 사과처럼 크고 굵은 똥을 쿠당탕탕탕 소리를 내며 두더지 옆으로 떨어뜨린다.)

두더지 : (토끼에게 다가가) 네가 내 머리에 똥 쌌지?

토 끼 : 나? 아니야. 내가 왜? 내 똥은 이렇게 생겼는걸.

(토끼는 까만 콩처럼 둥근 똥을 타타타타 하고 두더지 주위로 쏟아 내린다.)

두더지 : (염소에게 다가가) 네가 내 머리에 똥 쌌지?

염 소 : 나? 아니야. 내가 왜? 내 똥은 이렇게 생겼는걸.

(까만 새알 초콜릿 같은 똥이 오도당동당 하며 두더지 앞으로 떨어진다)

두더지 : (소에게 다가가) 네가 내 머리에 똥 쌌지?

소 : 나? 아니야. 내가 왜? 내 똥은 이렇게 생겼는걸.

(소는 누렇고 커다란 쇠똥 무더기를 쫘르르륵 하며 두더지 옆으로 쏟아 놓는다)

두더지 : (파리에게 다가가) 누가 내 머리에 똥 쌌는지 넌 알고 있니?

파 리 : 재촉하지 말고 가만히 있어 봐. (두더지 머리 위의 똥을 관찰한 뒤)

아~!, 이건 바로 개가 한 짓이야.

두더지 : 뭐? 개가? (한참 생각을 하다) 그렇다면?

(두더지는 개의 집으로 기어올라가 집 앞에서 쉬고 있는 개의 머리위로 작고 곶감씨 같은 똥을 개 머리위로 "슝" 하고 떨어뜨리며...)

이제 됐어.

해 설 : 두더지는 그제서야 기분좋게 웃으며 땅 속으로 사라졌답니다.

은행이와 단풍이

은행이와 단풍이는 여름 내내 입었던 초록 옷을 벗었어요.
그리고 울긋불긋한 옷으로 갈아입었지요.

"나무야! 난 지금 슬퍼. 너와 헤어져야 하니까."
"나도 헤어지기가 섭섭해."

나무도 말했어요.
"그러게 말이야. 너는 여름에 나에게 부채질도 해주고 그늘도 만들어 주었는데."

"고마운 건 나도 마찬가지였어. 내가 바람에 마구 흔들릴 때 너는 나를 꼭 붙들어 주었는걸."

이렇게 이야기를 주고받으니까 정말 헤어지기가 싫었어요.

"하지만 단풍아, 네가 땅 속에 들어가면 나는 너에게 부탁할 일이 있단다."
"그게 뭔데"

"겨울동안 먹이를 네가 나누어 주렴. 그렇게 해서 내 뿌리가 기운을 차리면 내년에 너를 볼 수 있을 거야."

은행이와 단풍이는 무척 기뻤어요.
"따뜻한 봄이 되면 너를 다시 부를께."

"그래 알았어. 빨리 땅속에 들어가서 네 뿌리 에게 먹이를 줄게. 내년에 꼭 불러야 해."

"그럼 춥다, 어서 들어가렴."

"아이 추워, 안녕!"
은행이와 단풍이는 작은 손을 흔들며 땅으로 내려갔어요.
그리고 다시 파릇파릇 태어날 꿈을 꾸고 있답니다.

수수께끼 할머니

석이의 할머니는 꼬부랑 할머니예요, 할머니의 지팡이도 꼬불꼬불 할머니는 지팡이를 친구라고 부르시지요.
"음~ 내 친구 어디 간 게야"
또 한가지 할머니 허리에는 대롱대롱 매달린 쌈지가 있어요. 그 쌈지 속엔 달콤한 알사탕이 가득 하지요.
"할머니 알사탕 하나만 주세요."
"음~ 안돼" "아이 할머니, 하나만 주세요."
"좋아, 그럼 말여, 내가 내는 수수께끼를 맞춰보렴"
"할머니 그럼 수수께끼 맞추면 알사탕 주실 꺼예요."
"암 주고말고~ 잘 들어 보렴! 안 먹을래야 안 먹을 수 없고, 먹어도 먹어도 배부르지 않는 것이, 많이 먹으면 죽는 것은 뭘까?"
"아~ 약이예요"
"아녀~ 우리가 모두 같이 먹는 거란다"
"똑같이 먹는다구요."
"그려, 1년에 한번씩 먹지."

"아 그럼 떡국이요"

"그것도 아니야 설날에 먹는 게야"

"할머니, 그러니까 떡국이잖아요."

"아이구~ 아니래두, 떡국은 많이 먹으면 배가 부르잖아! 그러니까 아니지"

점점 시무룩해진 석이는 조금씩 어깨를 들썩이더니 갑자기 울기 시작했어요.

"할머니는 알사탕을 주기 싫으니까 어려운 문제를 내신 거죠! 그렇죠? 앙앙앙"

"원 녀석도 운다고 내가 알사탕을 줄줄 알구! 음~ 어림없지! 어림 없고 말고, 나는 간다."

뒤뚱뒤뚱 흔드는 할머니의 허리에선 쌈지가 손을 살랑살랑 흔들고 있었답니다.

밤나무방송국

방송국에서 6시 뉴스를 말씀 드리겠습니다.

저녁 11시경 쎄미네 집 냉장고에 도둑이 들어와 오렌지와 바나나를 훔쳐 간 사건이 발생하였습니다.

이 사건 으로 쎄미의 생일 파티를 할 수 없게 되자 경찰서에서는 목격자를 찾았습니다.

다행히 그 시간 냉동실에서 들어있던 조기 한 마리가 오렌지와 바나나를 훔쳐간 범인을 목격했다고 합니다.

범인은 작은 몸집에 날카로운 송곳니가 있었고 아주 빠른 동작으로 냉장고를 빠져 나갔다고 했습니다.

또한 문틈으로 비친 엉덩이에는 긴 꼬리를 달고 있었다고 목격자는 증언했습니다.

경찰이 수사한 결과 범인은 바위골에 사는 생쥐로 밝혀졌고 고양이 경찰관은 새앙쥐를 쉽게 체포할 수 있었다고 수사결과를 밝혔습니다.

끝으로 오늘은 푸른 하늘과 (   )로 가을을 마음껏 느끼시는 날씨가 되겠습니다.

지금까지 밤나무 방송국에서 아나운서 (   )였습니다.

꽃게와 두꺼비

어느 날 바닷가에서 꽃게와 두꺼비가 만났어요.

"참 이상하게 생겼네, 다리가 열 개나 있잖아"

두꺼비는 코를 벌름거리며 꽃게를 이리저리 살펴보았어요.

"바닷가에 이런 동물이 있었나? 등이 올록볼록한 게 이런 동물은 처음 보겠는 걸"

꽃게도 고개를 갸우뚱 거렸어요.

그때 갑자기 두꺼비가 입맛을 쩝쩝 다셨어요.

"난 소풍 나온 왕 두꺼비다, 다리가 많으니까 맛도 더 있겠지"

"에고고!"

꽃게는 옆으로 옆으로 도망치다 바위에 탁 부딪치고 말았어요.

"꼼짝 마! 널 삶아 먹겠다."

꽃게는 무서웠지만 정신을 바짝 차렸어요.

"삶아? 그럼 난 빨간 옷을 입겠네, 빨간 옷도 좋지, 삶아 봐! 삶아 봐!"

"어! 진짜 겁이 없네, 어떡하면 좋지"

그때 꽃게가 먼 산을 바라보며 중얼거렸어요.

"난 시퍼런 바닷물 말고는 다 괜찮은데, 바보 같은 두꺼비가 알 리가 있겠어."

"뭐? 바닷물…… 그래! 혼 좀 나봐라! 에잇!"

두꺼비는 꽃게를 바다로 휙 던져버렸어요.

"꽃게야 무섭지"

그러자 이게 웬일인가요?

잠시 후 꽃게가 고개를 쏙 내밀지 않겠어요.

"야! 이 멍청한 두꺼비야, 난 원래 바닷물에 산다구, 힘만 세면 다냐"

"어? 내가 속았잖아"

두꺼비는 멀리서 멀뚱멀뚱 보고만 있었대요.

꽃과 나비

해설 : 여기는 예쁜 꽃들이 피어 있는 꽃밭이에요.
예쁜 꽃들이 노래를 부르고 있네요! 시작!

(노래) 빨간 꽃 빨간 꽃 어째서 빨갛나 빨간 열매 먹으니 빨갛지

파란 꽃 파란 꽃 어째서 파랗나 파란열매 먹으니 파랗지
노란 꽃 노란 꽃 어째서 노랗나 노란 열매 먹으니 노랗지

해설 : 저쪽에서 배고픈 나비 한 마리가 날아오고 있어요.

나비 : (나비야 노래 부르며 무대 한 바퀴 돌고 꽃들은 옆으로 흔들기)

아이 배고 파 우와! 여기에 예쁜 꽃들이 많이 피어 있네!
맛있는 꿀을 달라고 해야지!
빨간 꽃님! 배가 고파요 꿀 좀 주세요.

빨간 꽃님 : 난 춤추고 노래 부른다고 꿀을 모으지 못했어요.

나비 : 파란 꽃님 배가 고파요 꿀 좀 주세요.

파란 꽃님 : 난 꿀이 없어요. 벌써 꿀벌이 와서 다 가져갔어요.
다른 꽃으로 가보세요.

나비 : 노란 꽃님 배가 고파요 꿀 좀 주세요.

노란 꽃 : 나비님 어서 오세요. 저에게 꿀이 많이 있으니 얼마든지 먹고 쉬어가세요.

나비 : 노란 꽃님 고맙습니다.

해설 : 나비는 노란 꽃님 위에 앉아 코 잠이 들었답니다.

까마귀와 물병

어느 날 까마귀가 하늘을 날고 있었어요.
한 참 신나게 날아다니던 까마귀는 이곳 저곳을 두리번 거렸어요.
"아이 목말라! 어디 물이 없나!"

이리 저리 헤매던 까마귀는 물병을 발견했죠.
"와! 저기 물이 있다."
하지만 물병 속에는 물이 조금밖에 없었지요.

"어떻게 이 물을 마시지."
한참을 고민하고 있는데, 어디선가 참새가 나타났어요.

"너, 여기서 뭐하고 있니?"
"응, 목이 말라서 물을 마시려고 하는데, 병에 물이 조금밖에 없어서 부리에 닿지가 않아!"

까마귀는 시큰둥하게 대답했어요.
"하하하하! 병에 있는 물을 땅에 부으면 되잖아!"

"그러면 물이 땅 속으로 들어가 버린다구!"

까마귀는 여기저기를 살피더니, 돌을 발견하고는 무언가 생각을 하는 것이었어요.

그러더니, 부리로 돌을 집어서 병 속에 넣는 게 아니겠어요.

"너 뭐하는 거야! 나 못 먹게 하려고 그러지! 아이 더러워."

"아니야, 잘 봐!"

조금 지나니, 병 속의 물이 점 점 점 올라오는 것이었어요.

"우와 너 정말 똑똑하구나!"

"어서 마시자! 꿀~꺽 꿀~꺽 와! 정말 시원하다."

물을 마시고, 힘이 솟아난 까마귀는 멀리멀리 날아갔답니다.

꼭! 한번만

파란 하늘에 예쁜 종달새 한 마리가 날고 있었어요.

"하늘이 너무 맑고 깨끗하네."

기분이 좋은 종달새는 하늘을 이리저리 마음껏 날아다녔어요.

그런데, 저 아래 고목나무 옆에 이상한 것이 보였어요.

"응, 저게 뭘까? 어? 늑대 아저씨잖아! 그런데, 저건 뭐기에 꼭 껴안고 계시지"

가까이 가보니 커다란 상자 안에 맛있게 생긴 벌레가 가득 들어있지 않겠어요.

"늑대 아저씨! 안녕하세요? 이건 굉장히 맛있게 보이는 벌레네요.?"

"그래, 네가 좋아하는 싱싱한 벌레란다."

"그걸 어쩌시려고요?"

"너희 새들에게 팔려고 그러지"

"새들에게 파신다구요?

"그럼, 너도 한번 먹어 보련? 네 깃털 하나면 줄 수 있지."

"깃털 하나면 된다고요?"

종달새가 날개를 펼쳐보니 많은 깃털 중에 하나쯤 없다 해도 아무렇지 않을 것 같았어요.

집으로 달려간 종달새는 "엄마! 엄마! 저기서 맛있게 생긴 벌레를 팔던데 꼭 한 번만 사 먹을게요."

"종달아! 그런 거 함부로 사 먹으면 안돼!"

"아이! 엄마! 한 번만 사 먹을게요. 네? 한 번만."

"허허! 안된다니까 그러네. 한 번만 한 번만 하다 큰일 나. 아예 근처엔 얼씬도 하지 말어."

종달이는 힘없이 밖으로 나왔어요.

"그 벌레는 어떤 맛일까? 음, 새콤할까? 달콤할까? 에이 엄마가 말리시는 거 보면 아마 맛이 없을 거야. 아냐, 내가 보기엔 정말 정말 맛있게 생겼던데."

종달이는 너무너무 먹고 싶었어요.

"그래! 한 번만 사 먹어 봐야지. 한 번만인데 어때."

종달새는 포르르 날아가 늑대에게 깃털을 하나 빼 주고 벌레를 사 먹었어요.

"으음! 맛있어. 정말 맛있다. 여태 먹어 본 먹이 중에 제일 맛있는 거 같은데."

다음 날도 종달이는 깃털을 하나 빼 주고 또 벌레를 사 먹었어요.

이번 한 번만 이라고 생각하며 하루하루 사 먹다 보니 기운이 점점 없어졌어요.

"왜 이렇게 기운이 없지. 이젠 정말 그만 사 먹어야겠어. 살이 쪘는지 조금만 날아도 숨이 차는걸."

그러나 도저히 참을 수가 없었어요. 종달이는 마지막으로 정말 한 번만이라고 생각하며 늑대에게 찾아갔어요. 하고는 깃털을 뽑아 늑대에게 주었어요.

순간 늑대의 눈이 번쩍 빛났어요.

"오늘을 내가 얼마나 기다렸다고. 깃털이 없어서 이젠 제대로 날지도 못하는구나. 으흐흐흐."

늑대가 종달이의 날개를 콱 움켜잡으려고 하는 순간, "안돼! 종달아 어서 피해!"

어디선가 종달이 엄마가 날아와 늑대의 눈을 날개로 쳤어요.

"윽! 이, 이게 뭐야" 늑대는 두 눈을 감싸 쥐며 뒤로 벌렁 넘어졌죠.

그 순간 엄마 종달새는 종달이를 안고 높은 나뭇가지 위로 도망쳤어요.

엄마 때문에 살아난 아기 종달새는 "한 번만"이라는 말은 절대로 안하게 되었죠.

10년을 참은 사람

옛날 어느 마을에 박씨 성을 가진 농부가 살고 있었어요.

"난 언제까지 가난하게만 살아야 하는 걸까?"

"이렇게 사느니 차라리 죽는 게 낫겠어."

가난에 지친 박씨는 연못에 뛰어들려고 했어요.

그 때 갑자기 연못이 빙글빙글 돌더니 신령님이 나타났지요.

"어찌하여 너는 죽으려고 하는고?"

"나 하나 죽는다고 슬퍼할 사람도 없고, 가난이 지겨워서요."

"허어! 조금만 참으면 복을 받아 잘 살텐데..."

"신령님! 그게 정말입니까?"

"암, 그렇고 말고. 삼 년만 참아라. 삼년만!"

박씨는 신이 나서 집으로 돌아가 열심히 일을 하고 남을 도우며 살았어요.

그 날 이후 마을 사람들은 박씨를 박 삼년이라고 불렀지요.

어느 덧 삼 년이 지났어요. 하지만 박씨는 여전히 가난했어요.

화가 난 박씨는 신령님을 찾아갔어요.

"삼 년만 참으면 잘 산다더니 어찌된 일입니까?"

"오! 그래. 잘 참았구나. 박 삼년이라는 별명까지 붙었더군."

신령님은 삼 년을 더 참으라고 말씀하셨어요.

"아, 아니. 삼년을 참은 것도 억울한데 또 삼 년을 그럼 저 보고 6년을 참으란 말씀입니까?"

"아, 이 사람아! ㅇ년이면 어떻고 60년이면 어떤가. 죽는 것은 언제든지 할 수 있거늘. 그것도 못 참아?"

"알겠습니다. 그럼 한 번만 더 참아 보죠." 박씨는 또 삼 년을 열심히 일하고 남을 위해 봉사하며 살았지만 가난하긴 마찬가지였죠.

"신령님, 삼 년만 더 고생하라기에 그 말만 믿고 열심히 고생했는데 모든 게 헛수고였습니다."

"자, 마지막으로 한번만 더 약속을 하자, 삼년만 참으면 반드시 복에 올 게야."

"아니, 또요 어쩌자구 저에게 이런 고생만 시키십니까?"

박씨는 힘없이 집으로 돌아와 이웃과 화목하게 지내며 열심히 살았지요.

어느 덧 9년째가 되었어요.

"다시 올 줄 알았느니라. 그래 지난 9년 동안 달라진 게 무엇인고?" "달라지다니요 가난하긴 마찬가지입니다. 달라진 것이 있다면 이웃 사람들이 내 말이라면 팥으로 메주를 쑨 대도 믿어주는 일이지요."

"그래, 바로 그거야. 부자가 되기보다 먼저 인간 됨됨이가 진실해야 해.

내가 중간에 포기할까봐 무척 걱정이었네."

"그럼 언제 복을 받는 겁니까?"

"이제부터 잘 살 수 있을 걸세. ㅇ년을 참았으니 딱 1년만 고생하게."

"아니, 신령님은 어째서 매일 거짓말만 하시는 겁니까?"

"그럼, 내가 처음부터 10년이라고 했으면 참았겠는가?"

박씨는 집으로 돌아와 더욱 더 열심히 일했어요.

마을 사람들은 박씨를 전보다 더욱 더 믿고 따랐지요.

10년이 채워지는 해부터 신령님 말대로 박씨는 소문난 부자로 잘 살게 되었답니다.

흙속의 비밀

"할머니! 할머니!"

유미는 할머니 집이 보이는 살구나무 밑에서부터 할머니를 불렀어요.

"유미가 왔구나. 어디 한번 안아보자."

텃밭에서 상추를 뽑고 계시던 할머니가 두 팔 벌리고 유미를 안으려고 했어요.

그러나 유미는 할머니를 보자, 뒷걸음질을 했지요.

"왜 그러냐? 이 할미가 싫어."

"난 새 옷을 입었어요. 할머니한테서 더러운 흙이 묻을까 봐 그래요."

그날 밤 할머니는 유미를 팔베개 해 눕히고 물었어요.

"유미야, 넌 흙이 더럽니"

"네, 옷에 흙이 묻으면 더럽다고 혼나거든요."

할머니는 걱정스러운 듯 혀를 찼어요.

"할머니, 서울에는 흙이 없어요. 그래서 길도 깨끗하고, 집도 반질반질해요."

할머니는 까칠까칠한 손으로 유미의 볼을 만졌어요.

"할머니 손이 까칠해서 싫지. 일하지 않는 반질반질한 서울사람 손이 우리 유미는 좋을 게야"

"아녜요 할머니, 할머니한테서는 구수한 냄새가 나요. 엄마 화장품 냄새보다 더 좋은 걸요." "에구구, 아깐 싫다면서? 할머니 냄새가 바로 흙 냄샌데"

"정말이에요, 할머니?"

"정말이고 말고, 흙은 더러운 게 아니고 소중한 거란다. 흙에서 곡식도 나고, 과일도 나고, 풀도 자라고, 꽃도 피지. 흙이 없으면 우린 살 수가 없단다."

할머니께서 이야기하는 사이에 유미는 새근새근 잠이 들었어요.

이튿날이에요. 서울로 올라가는 유미에게 할머니께서 작은 옹기 하나를 주셨어요.

"할머니, 이건 흙이네요."

"음, 흙이야. 그 속에 비밀을 하나 살짝 묻어 놓았거든. 집에 가서 볕드는 창가에 두고 사흘마다 한번씩 물을 주면 비밀이 나올 거야."

정말이에요, 할머니 집에 온 유미는 흙 담긴 옹기에 물을 주었어요.

며칠이 지나자 흙 속에서 푸른 싹이 돋아났어요.

무럭무럭 자란 꽃나무는 가을이 되자 노란 꽃봉오리를 터뜨렸지요.

"엄마! 엄마! 할머니 비밀이 나왔어요."

"어머나, 금잔화구나!"

"엄마, 흙은 참 신기해요. 흙 한 줌이 저렇게 예쁜 꽃을 피우잖아요."

"그래, 흙은 정말 신기하구나!"

"그런데 엄마는 왜 흙을 미워해요? 내가 흙을 묻혀오면 혼내잖아요."

"그건 네가 옷이나 손발에 흙을 묻혀와 얌전치 못한 걸 야단친 거지, 흙을 미워한 건 아니란다."

유미는 그제서야 고개를 끄덕였어요.

그리곤 엄마와 같이 창가를 바라보았지요.

노란 금잔화는 마치 할머니의 얼굴같이 환하게 웃어 주었답니다.

아기소나무

동산에 떠오른 큰 달님은 만져질 듯이 가까이에 있었어요.

오늘은 달님이 가장 커다란 날이에요.

"달님 아줌마! 달님 아줌마!"

산등성이 외딴봉우리에서 작지만 또랑또랑한 목소리가 들려왔어요.

"으응, 누구니?"

달님은 소리 나는 쪽으로 고개를 돌렸어요.

"저에요, 여기 있잖아요!"

달님을 부른 건 바로 아기 소나무였어요.

세 살짜리 아기소나무는 산봉우리에 팔을 번쩍 들고 서 있었지요.

"오오! 너였구나. 그래 나를 왜 불렀니?"

"저, 저 말이에요."

"지난 여름, 억수 같이 퍼붓던 물 히히, 누가 쉬 한 거예요?" "… …?"

"아줌마가 누신 거예요? 아니면 해님 아저씨가 누신 거예요?"

달님은 금방 얼굴이 빨개지고 말았어요.

"아기 소나무야, 그건 쉬 한 게 아니야."

"에이 거짓말, 아줌마 얼굴이 빨개진걸 보니 달님이 쉬했군요. 그렇죠!?"

"아니야. 그건 '비'라고 하는 거야.

나무들이 잘 자라라고 하나님이 내려 주시는 거지."

"으응 그럼, 그때 시커먼 포장은 왜 잔뜩 가려놓았어요?

누가 볼까봐 궁둥이 감추느라 그랬어요?"

"아유 그건 포장이 아니고 바로 구름이라는 물통이야."

여름엔 날씨가 덥고 농사철이기 때문에 물이 굉장히 많아야 되거든.

"시원하고 달짝한 비를 너도 실컷 마시고 컸잖니?"

달님은 진땀이 나도록 차근차근 들려 주었어요.

"정말 그랬어요. 시원하고 달짝 한 걸 보니 으응, 쉬는 아닌 것 같아요."

"그래, 아니야."

달님은 귀여운 아기 소나무에게 환한 빛을 비춰 주었어요.

"아기 소나무야 너는 이 다음에 키가 어느 만큼 자라고 싶니?"

"달님한테까지 닿도록 크고 싶어요."

"어머나! 그만치 커서 무얼 하려고 그러니?"

"언젠가 바람이 가르쳐줬어요.

저기 산골짜기 사는 사람들은 자기집을 갖고 싶어한대요.

"으응, 그렇구나."

"그래서, 산골짜기 사람들은 예쁜 집을 짓게 해달라고 달님을 쳐다보고 기도한대요."

"오호, 그랬구나…"

"그러니까, 내가 달님만큼 자라고 튼튼해져야, 산골짜기 사람들이 저를 베다가 예쁜 집 을 짓고 행복하게 살 수 있잖아요."

"아기 소나무야, 어쩜 그렇게 기특한 생각을 다 했니?"

"그럼, 내 키가 얼른얼른 자라게 도와주세요. 네?"

"암, 도와주고말고. 하나님도 네가 제일 착하다고 빨리 자라도록 도와 주실거야."

"정말 그럴까요?" "그럼 그럼 아기소나무야"

달님은 더 밝고 환하게 웃으며 아기 소나무를 비춰 주었어요.

허수아비에게 춤을

춤추기를 좋아하는 아기 벼가 있었어요.

"엄마, 엄마! 무섭게 생긴 것이 나를 노려보고 있어요."

고개가 숙여져 위를 볼 수 없는 엄마 벼는 몹시 궁금한가 봐요.

"아가야. 어떻게 생겼니? 엄마한테 자세히 얘기해 보렴."

"응, 머리에는 찢어진 모자를 쓰고, 팔은 옆으로 쫙 벌리고 있고 눈은 독수리눈 보다 더 무섭게 생겼어요."

"아, 그건 허수아비란다. 우릴 참새 떼로부터 보호해주시는 고마운 분이지."

하지만 아기 벼는 여전히 겁먹은 눈으로 허수아비를 바라보았어요.

"허허허 얘, 아기 벼야. 음, 무서워 할 것 없단다. 내 모습은 흉하고 볼품없지만 난 너희들을 무척 사랑한단다."

"치, 저렇게 흉한 괴물이 정말 우릴 사랑할까"

다음날부터 아기 벼는 좀처럼 춤을 추려고 하지 않았어요.

"얘, 아기 벼야! 왜 요즘은 춤을 추지 않니"

"싫어요. 엄마, 난 저 흉하게 생긴 허수아비가 내 춤을 바라보는 것이 싫단 말이예요."

"얘야, 허수아비는 우리를 위해 저토록 따가운 햇살을 받으며 서 있는 거란다. 그런 허수아비를 위해 춤을 추는 것은 좋은 일이야."

"싫어요. 싫단 말 이예요. 나는 허수아비의 도움 따윈 필요 없어요."

아기 벼의 퉁명스런 소리에 엄마 벼도 허수아비도 쓸쓸한 표정을 지었어요.

그날 밤은 바람이 몹시 세차게 불어왔어요.

얼마 후 바람이 멈추고 아기 벼는 꼬옥 감았던 눈을 떴어요.

"바람에 견디기가 어려웠지? 하지만 이런 어려움을 이겨내야 넌 좋은 쌀이 된단다."

아기 벼는 형편없이 찢겨진 허수아비의 모습이 불쌍했지만 허수아비가 아는 체 하는 것이 못마땅해 볼멘소리로 말했어요.

"나는 알찬 쌀이 될 수 있지만, 아저씬 비바람 속에서 잘 견뎌 내면 무엇이 되나요" "그건, 난, 난 말이다. 평생 너희를 참새 떼로부터 지켜주다 비바람 속에서 조금씩 낡아진 후 쓸모가 없어져 버리지."

왠지 허수아비의 목소리는 슬프게 느껴졌어요.

며칠 후, 전보다 더 세찬 비바람이 들판을 휩쓸고 지나갔어요.

아기 벼는 눈을 꼬옥 감고 발을 다부지게 모았어요.

그 때, '우지끈' 하고 허수아비의 팔 하나가 바람에 부러지더니 몸이 점점 아래로 아래로 기울어졌어요. 한참 지난 후 바람이 멈추자, 멀리 참새 떼들의 재잘거리는 소리가 들려왔어요. 허수아비는 아픔이 섞인 소리로 "예끼이, 이, 이놈들..." 허수아비는 땅에 쓰러졌어요.

그 모습을 보던 아기 벼는 가슴 속에 '쿵'하며 커다란 돌멩이 하나가 떨어지는 것 같더니 어느 새 눈물이 주르르 흘렀어요.

아기 벼는 마음을 다해 춤을 추었어요. 그 춤은 다른 벼들에게도 옮겨져 온 들판의 벼들이 황금 춤을 엮어냈어요.

춤의 물결 속에서 허수아비는 아침햇살처럼 따스한 미소를 지으며 "사랑하는 것은 참 행복한 일이야!"라며 조용히 눈을 감았어요.

아기 벼는 그때서야 보았어요.

허수아비의 얼굴이 그토록 아름답다는 것을.

사랑둥이 바람

열두 고개를 넘으면 높은 산봉우리 밑에 시커멓게 입을 벌린 동굴이 있었어요.

그 동굴에서 수런대는 바람소리가 들려왔어요.

"여긴 너 같이 어린 바람이 들어올 곳이 못된다."

"할아버지, 제가 이 동굴에 온 건 그건....... 제가 쓸모없다고 생각했기 때문에 숨고 싶어서예요. 흑흑흑."

"저런, 저런. 자, 울지 말고 차근차근 이야기해 보렴."

아기 바람은 훌쩍이며 할아버지 바람에게 지난 이야기를 시작했어요.

"여러 곳을 다니며 구경하다가 아줌마가 하얀 빨래를 널고 있는 것을 보았어요."

"어, 바람이 한 점도 없네. 바람이 있으면 빨래가 금방 마를텐데....."

아줌마가 혼잣말로 중얼거렸어요. "저, 여기 있어요."

아기 바람은 빨래를 휘감고 춤을 추기 시작했어요.

너울너울 춤추는 빨래들의 모양이 보기 좋아서 처음 추던 춤보다 더 빨리 춤을 추었지요.

그러자 빨랫줄에 널려있던 빨래들이 후루룩 땅바닥에 떨어졌어요.

"아니, 바람 한 점 없더니 웬 바람이 불어서 빨래를 다 망쳐 놓았네."

아줌마는 울상이 되었어요. "난 아줌마를 도와주고 싶었는데...."

아기 바람은 담 모퉁이 뒤로 몸을 숨겼어요.

그때, 까르르 웃는 아기의 웃음소리가 들렸어요.

아기가 마당 한 가운데서 물놀이를 하고 있는데 풀밭 속에 숨어 있던 모기 한 마리가 앵~소리를 내며 아기의 등을 향해 달려들고 있지 뭐예요. 아기 바람은 얼른 모기를 휘익 날려 보냈어요.

그러나, 어찌나 지독한 모기인지 다시 침을 곧추세우고는 아기의 볼이며 엉덩이를 마구 쏘려고 했어요. "후~우" 아기 바람은 모기를 쫓기 위해서 더 세찬 바람을 불었지요.

"에취." 모기는 저만큼 사라졌지만, 아기는 코를 벌름거리며 콧물을 주루룩 흘렸어요.

"어휴, 나쁜 바람. 우리 아기를 감기 걸리게 하다니!"

"왜 이럴까? 왜 내가 하는 일은 다 안 되는 걸까 아기 바람은 그 후에도 좋은 일을 하려고 매번 애를 썼지만 자꾸 실패하고 말았어요.

지난 이야기를 하고 난 아기 바람은 슬픈 얼굴로 할아버지 바람에게 말했어요.

"할아버지, 그래서 친구들이 저보고 어벙둥이 바람이래요."

"허허허. 정말 재미있구나, 재미있어."

할아버지 바람은 너무 우스운지 배를 움켜잡고 웃으셨어요.

"사실은 나도 너처럼 어릴 때는 실수를 많이 해서 쓸모없는 바람이라고 생각했었단다. 그래서 마지막으로 개나리 봉오리에게 아주 조심스럽게 사랑을 다해서 입맞춤을 했지. 아, 그런데 개나리 봉오리가 스르르 열리더니 꽃이 활짝 피어나지 않겠니? 난 알았단다. 사랑이라는 건 부드럽게 해야 된다는 것을 말이다."

할아버지 바람은 아기 바람의 손을 꼭 잡아 주셨어요.

"아기 바람아. 이제부터 너에게 '사랑둥이'라고 이름을 지어주마. 자! 사랑둥이야. 어서 가서 네 사랑을 전해주렴. 꽃이 피어나려면 너처럼 사랑이 가득찬 바람이 필요하지. 하지만 부드럽게 해야 한단다. 너만이 할 수 있어요."

"정말 제가 할 수 있을까요? 할아버지."

"그럼. 할 수 있고 말고."

사랑둥이 바람은 눈을 들어 산 밑을 바라보았어요. 아직 피어나지 않은 꽃봉오리들이 눈에 들어왔지요.

"할아버지, 제가 하겠어요. 모두 꽃이 피게 하겠어요."

사랑둥이 바람은 사랑을 가득 담고는 노란 개나리 꽃봉오리에게 또 분홍 진달래 꽃봉오리에게로 날아갔지요.

요건 내 떡

옛날 옛날 아주 고집 세기로 유명한 할아버지 할머니가 살고 있었어요.

하루는 옆집 마당쇠가 찾아 왔죠.

"할머니 계세요? 히히 저희 집 아가씨 백일 떡입니다요."

"아이고 고맙기도 하지 어디보자, 아픈 귀신 물러가라 수수팥떡에 평생토록 배 불러라 볼록볼록 바람떡, 눈같이 깨끗해라 백설기 떡이라. 거참 맛있겠다."

"그럼 전 이만 물러가겠습니다요, 할아버지 맛있게 드세요"

그런데 마당쇠가 가고난 후, 할아버지와 할머니는 서로 자기 떡이라고 우기기 시작했어요.

"영감도 참. 그 아이가 들어올 때 '할머니 계세요' 하고 날 찾지 않았수 그러니 그 떡은 내 떡이에요"

"허허, 참. 이봐 할멈 마당쇠가 나갈 때 '할아버지 많이 드세요' 하고 나갔으니 당연히 내 떡이지. 이건 내 떡일세."

할아버지와 할머니는 떡 접시를 밀고 당기며 한참 실랑이를 하다가 좋은 방법을 생각했어요. 바로 '말 안 하기' 내기를 한 거예요. 끝까지 말을 안 한 사람이 떡을 먹기로 한 거죠. "음 자 시~작"

할아버지와 할머니는 떡 한 번 보고 침한 번 꿀꺽, 떡 한 번 보고 침 한 번 꿀꺽하면서 버티었어요.

'아이고 답답해, 저 영감 지독하기도 하지 웬만하면 잔기침이라도 한 번 하련만, 흥 그런다고 내가 질 줄 알고 어림도 없지, 앵~'

'흥, 저 할멈 욕심은 알아줘야 한다니까. 나이도 나보다 한 살 아래인데

양보하면 좀 좋아 앵~'

바로 그때 뒷마당에서 '쿵' 하는 소리가 나더니 시커먼 보자기를 뒤집어 쓴 사람이 방문을 쓰윽 여는 게 아니겠어요.

"흐흐흐 어르신 안녕하슈, 잠자코 있으면 해치지는 않으리다."

할아버지와 할머니는 소리를 지르고 싶었지만 떡을 못 먹게 될까봐 아무 말도 하지 못했어요. "어디 이건 호랑이가죽에 비단 엽전까지" 도둑은 너무 너무 신이 났어요.

도둑의 보따리가 커져 갈수록 두 사람은 약이 오르고 속이 탔지만 누구도 지고 싶진 않았어요. "거참 이상하네, 말을 못하는 인형들인가? 그런데 숨은 쉰단 말이야. 훠이 훠이" "이번엔 베게 속을 볼까? 아니 이게 뭐야 이건 금비녀 아니야.

할머니는 눈앞이 노래졌어요. 금비녀는 할머니가 제일 아끼는 물건이었거든요.

'아이고 어떡하지? 말을 해 버릴까? 그래도 이제 와서 질 수 없잖아 아이고' "덕분에 한재산 잘 챙겨갑니다. 자, 마루 밑에 숨겨둔 이 꽃고무신도 제가 가져갑니다."

그 순간 할머니는 너무 화가 나서 큰소리로 외쳤어요.

"도둑이야! 저놈 잡아라." 그러자 할아버지는 얼른 떡을 집으면서

"요건 내 떡!" 하더래요.

아기고추 맹추

맹추야 아침이에요. 빨리 일어나야지!!

넓은 고추 밭에 엄마 아빠 그리고 아기고추 맹추가 살고 있었어요.

얘 맹추야 빨리 일어나 세수 하지 않고 뭘 그렇게 맹하니 쳐다보고 있니

엄마, 나두 빨간 옷을 입고 싶어요.

아니~ 너는 예쁜 초록 옷을 입고 있잖니. 어린 것이 벌써부터 옷 타령이야

맹추야~ 빨간 옷은 어른이 되면 자연히 입게 된단다. 니 엄마도 입었잖니

싫어 싫어 싫단말야 저 장미꽃은 어릴 때부터 빨간 옷을 입었잖아 나도 어른이 되고 싶어요.

맹추는 고추 줄기를 마구 흔들며 투정을 부렸어요.

"맹추야 어른이 되려면 장가를 가야 해" "그럼 장가 보내주세요"

할 수 없이 엄마 고추는 장미꽃의 아주 빨갛고 예쁜 색을 얻어 빨간 옷을 만들어 맹추에게 입혀 주었어요.

그때, 주인 할머니께서 고추밭에 오셨어요.

"에고~ 올해는 비가 너무 많이 와서 고추농사를 다 망쳤으니 큰 일이구먼.. 아 그래도 여기는 잘 익은 고추들이 주렁주렁 달려 있네그려. 옳지 옳지 요건 따다 고추장 담고 요건 따다 김치 담고, 아! 요 작은 맹추도 '똑~!' 아야, 아야, 엄마 나 좀 도와줘요"

그러나 할머니는 맹추를 바구니에 담아 고추밭을 나가셨어요.

"여보 우리 맹추 좀 어떻게 해 봐요"

"엄마 아빠 말을 안 듣더니 그만 맹추야"~!!

맹추를 떠나 보낸 엄마, 아빠 고추는 점점 시들어 갔어요.

그러던 어느 날이에요.

글쎄 맹추가 달려 있던 고추 줄기에 또 하나의 작은 고추가 열렸지 뭐예요.

엄마, 아빠 고추는 너무 기뻤어요.

"여보! 맹추를 생각하며 이번에는 바르게 키웁시다"

"그래요 이야기도 자주 들려주고 노래도 많이 불러 주면 분명히 아름다운 마음씨를 갖게 될 거예요"

그날부터 엄마, 아빠 고추는 맑은 이슬을 모아 뿌려주고 노래도 불러 주었어요. '고추밭에 고추는 뾰족한 고추~ 빨간고추 초록고추 모두 뾰족해~ 탱글탱글 사과가 놀러왔다가 ~ 우리함께 친구해요 친구해요 랄랄라~!!' 엄마, 아빠의 합창 소리가 새들의 노래와 함께 넓은 고추 밭에 아름답게 퍼져 나갔지요.

너는 최고의 작품이란다.

어느 숲 속에 작은 애벌레 초록이가 살고 있었어요.

"우와! 정말 멋지다. 나도 날아봤으면..."

초록이는 멋진 날개를 가진 나비가 부러웠지요.

"하나님! 왜 저를 이렇게 볼품 없는 애벌레로 만드셨나요. 다른 친구들은 멋진 줄무늬도 있고 예쁜 점도 있단 말이에요. 그런데 저는 아무것도 없잖아요."

그때 옆에 있던 오래된 소나무 할아버지가 말했어요.

"초록아, 걱정 말아라. 네가 얼마나 예쁜데 그러니? 하나님께서는 네 모습 그대로를 사랑하신단다. 그리고 기대하렴. 하나님께서 너를 최고의 작품으로 만드시는 중이란다."

"정말이요?" "암, 그렇고 말고!"

다음날, 신이 난 초록이는 친구들에게 자랑했어요.

"얘들아! 하나님이 나를 최고의 작품으로 만드시는 중이래."

"하하하. 야, 웃기지마. 어디를 봐서 네가 최고의 작품이냐? 넌, 못생긴 애벌레라구."

"아니야....난....최고의 작품이 될 거라구....."

그러던 어느 날, 초록이는 솔방울을 번쩍 들고 있는 개미를 만났어요.

"우와! 넌, 어떻게 그렇게 큰 짐을 나를 수 있니."

"음, 하나님 덕분이지. 하나님이 나를 이렇게 힘세게 만들어 주셨거든."

"그래? 정말 좋겠다...!" 잠시 후 초록이는 무당벌레를 만났어요.

"우와! 정말 멋지다! 넌, 참 예쁜 점들을 가지고 있구나!"

"고마워, 하지만 난 아무것도 한 게 없는 걸. 다 하나님이 나를 멋지게 만들어 주신 덕분이야" "그...래? 좋겠다... 난, 볼품없는 애벌레야."

초록이는 소나무 할아버지를 찾아갔어요.

"할아버지, 하나님이 절 사랑하신다는 걸 알아요. 제 모습을 예뻐해 주신다는 것도요. 하지만 힘이 센 개미가 부러워요. 또, 무당벌레는 얼마나 예쁜데요. 그런데 저는..."

"볼품없다고?" "네"

"기억하렴. 하나님은 너를 이 세상에서 하나뿐인 아주 특별하고 멋진 작품으로 만드시고 계시단다." "네...알고 있어요."

그런데 그날 밤 초록이는 너무나 피곤했어요.

"아함~. 할아버지, 너무 졸려요. 꽤 오랫동안 잠을 자야 할 것 같아요."

"그래, 네가 깨어날 때까지 기다리마."

초록이는 나뭇잎 침대로 와서 기도했어요.

"하나님, 아시죠? 저는 볼품없는 애벌레라도 괜찮아요. 하나님이 저를 사랑해 주시고, 그래서 저는 특별하니까요."

초록이는 기분 좋게 침대에 누웠어요. 그리고 스르르 잠이 들었지요.

오랜 시간이 흐른뒤, 초록이는 잠에서 깨어났어요. "어, 왜 이렇게 깜깜하지!"

초록이는 침대에서 기어 나오려고 꿈틀거렸어요. "끙차, 끙차.."

그러자, 침대가 벌어지면서 몸이 아래로 떨어지기 시작하는 거예요.

"어어..., 살려 주세요~!....땅바닥에 머리를 부딪히고 말겠어! 아아...!"

바로 그때, 신기한 일이 벌어졌어요. 등이 간질간질 하더니 날개가 펼쳐진 거예요!

"우와! 내가 날고 있어, 내가 날고 있다구!"

초록이는 점점 높이 날아 소나무위로 날아갔어요.

"할아버지 저 초록이에요. 할아버지가 말씀하신 최고의 작품이 뭔지 깨달았어요!"

"허허허..." 그래그래

친구들도 모두 나와, 초록이의 멋진 모습을 올려다보았어요.

"우와! 너는 내가 본 나비 중에 가장 아름다운 나비야."

"고마워. 하나님이 나를 이렇게 멋지게 만드셨어. 최고의 작품으로 만드셨다구!"

초록이는 누구와도 같지 않아요.

이제는 아름다운 마음을 가진 특별하고 멋진 나비가 되었답니다.

백 번째 손님

손님이 뜸해진 국밥 집의 오후였어요.

'드르륵' 가게 문이 열리더니 초라한 할머니와 작은 아이가 들어 왔어요.

"저 주인양반! 쇠머리국밥 한 그릇에 얼마요."

"예, 사천 원인데 두 그릇 드릴까요."

그러자 할머니는 허리춤에서 돈주머니를 꺼내 동전까지 한참을 헤아리시더니 말씀하셨어요. "여기, 국밥 한 그릇만 주세요."

주인아저씨는 할머니와 소년을 번갈아 보더니 말했어요.

"한 그릇만 하시면 되겠습니까."

"난, 점심을 먹었다우."

"예, 잠시만 기다리세요. 제가 맛있게 말아 드리지요."

김이 모락모락 나는 국밥 한 그릇!

할머니는 뚝배기를 손자가 앉은 쪽으로 내밀었어요.

"우와! 맛있겠다. 그런데 할머니는 안 드세요."

"이 할미는 괜찮어. 식기 전에 어서 먹어라."

"네. 할머니 정말 다 먹어도 돼요."

"그럼, 먹는 것만 봐도 이 할미는 배가 부르구나."

손자가 국밥 한 그릇을 다 먹는 동안 할머니는 깍두기 한 점을 오물오물 씹고 계셨지요.

그 모습을 지켜보던 주인이 두 사람 앞으로 다가섰어요.

"할머니, 오늘 운이 참 좋으십니다. 할머니가 우리 집의 백 번째 손님이세요. 저의 가게는 백 번째 손님에게는 돈을 받지 않거든요."

주인은 돈을 받지 않고 할머니에게 국밥 한 그릇을 말아 주었어요.

물론 오늘도 손님은 오십 명을 넘지 못했지만요.

그로부터 한 달 남짓 지난 어느 날, 무심코 창 밖을 보던 주인은 깜짝 놀랐어요.

"아니! 저 아이는 그 때 할머니와 같이 왔던 아이인데. 지금 뭘 하고 있는 거지."

"쉰 넷, 쉰 다섯......."

주인이 유심히 보니, 글쎄 국밥 집에 손님이 들어갈 때마다 돌멩이로 헤아리고 있었던 거예요. "어떻게 한담? 점심때가 다 지났는데..... 음- 아무래도 단골손님들에게 전화를 해야겠어." "여보세요, 이 과장님이세요? 평소에 우리 가게를 많이 도와주셔서 제가 식사 한 끼 대접하고 싶은데요. 직원들과 같이 오세요. 예. 그럼 있다가 뵙겠습니다."

"여보세요. 자넨가? 바쁘지 않으면 국밥 한 그릇 먹으러 오라구. 오늘은 공짜야 공짜. 아, 정말이지 그럼."

그렇게 전화를 걸고 나자 국밥 집에는 손님들이 몰려들기 시작했어요.

"여든 하나, 여든 둘, 여든 셋..."

마침내 아흔 아홉 개의 돌멩이가 쌓였을 때 소년은 할머니 손을 이끌고 국밥 집으로 들어서는 게 아니겠어요.

"할머니, 빨리요. 이번에는 제가 사 드리는 거예요."

정말 백 번째 손님이 된 할머니는 따뜻한 쇠머리국밥 한 그릇을 대접받고 소년은 할머니가 그랬던 것처럼 깍두기만 오물거렸어요.

"여보, 저 아이도 한 그릇 줄까요."

국밥집 주인아주머니가 아저씨에게 속삭였어요.

"아니오, 저 아이 얼굴을 지금 좀 봐요. 먹지 않고도 배부른 법을 배우는 중이잖소."

후룩후룩 국밥을 맛있게 드시던 할머니가 손자에게 말했어요.

"우리 강아지, 배고플 텐데 이 할미가 좀 남겨 주랴."

하지만 소년은 배를 앞으로 쑥 내밀고 큰 소리로 대답했어요.

"아니, 난 배불러요. 이거 봐요 할머니~."

그 날 이후, 신기하게도 국밥 집에는 백 번째, 이백 번째 손님이 계속 생겼답니다.

행복한 지게

사계절이 아름다운 깊은 산 속 감나무골에 덕보라는 청년이 살고 있었어요.

"세상에 저런 효자도 없을 거야."

"네~ 그래요. 한 가지 흠이라면 덕보의 머리가 조금 모자란다는 거지만요."

어느 해 봄이었어요.

덕보는 도시에 사는 외삼촌댁에 다니러 갔다가 그만 눈이 휘둥그래지고 말았어요.

잘 닦여진 길 위로 자동차가 줄을 지어 다니고 있었거든요.

"와! 저 뛰뛰빵빵 차를 좀 봐! 와...."

덕보는 입이 다물어지지 않았어요.

외삼촌은 외할아버지를 자동차에 태우고 나들이를 다녀오곤 했지요.

"아이구, 기분 좋다!"

시내를 한 바퀴 돌고 온 외할아버지의 얼굴에는 웃음꽃이 활짝 피었어요.

"나도 울 엄니를 기분 좋게 해 드릴 거구먼."

덕보는 마음속으로 다짐했지요.

감나무골로 돌아온 덕보는 헛간에서 얼른 지게를 꺼내 왔어요.

"엄니! 지게 위에 타셔유, 얼른유."

어머니는 영문도 몰라 덕보를 빤히 쳐다보았어요.

"날더러 이 지게 위에 올라타라는 거냐"

"그래유. 외삼촌한테서 배워 온 게 있구먼유."

덕보는 외삼촌댁에서 본 것을 얘기해 드렸어요.

"으이그, 이 녀석아! 이 지게가 자동차라도 된단 말이냐"

금방이라도 그 말이 나오려고 했지만 어머니는 꾹 참았어요.

그리고는 아들의 마음씨가 갸륵해 말없이 지게 위에 올라탔지요.(음악)

덕보는 어머니를 지게 위에 태우고 사립문을 나섰어요.

"엄니! 지가유.. 뛰뛰 하면 엄니는 빵빵 하셔유.. 아셨지유"

"오냐, 알았다."

"뛰뛰!"

"빵빵!"

뛰뛰빵빵 소리가 온 마을에 울려 퍼졌어요.

"아이고, 덕보어머니 호강하시네요!"

"그러게 말이요. 하하하....."

"엄니, 기분 좋으시지유"

"그래, 기분 좋다."

"그럼 '아, 기분 좋다!' 하셔야지유. 그래야 지도 기분이 좋지유."

아들의 말에 어머니는 가슴이 찌르르해졌어요.

"아, 기분 좋다!"

어머니의 눈에 이슬이 비쳤어요.

"엄니, 지도 기분이 좋네유."

덕보의 이마에는 땀방울이 맺혔어요.(음악)

그 날부터 감나무골에는 하루도 쉬지 않고 뛰뛰빵빵 소리가 울려 퍼졌어요.

덕보가 어머니를 지게차에 태우고 날마다 마을을 도는 소리였지요.

여러 해가 지났어요.

뛰뛰 소리는 그대로인데, 빵빵 소리는 자꾸 작아져 갔어요.

그리고 어머니의 몸도 자꾸만 가벼워져 갔지요.

"뛰뛰!"

"빵～빵"

덕보는 작아지는 소리 때문에 흥이 나지 않았어요.

"뛰뛰!" "빠~~."

마침내 덕보 어머니는 자리에 눕고 말았어요.(음악)

어느 해 겨울, 함박눈이 소리없이 내리는 날!

"덕보야, 뛰뛰빵빵 한번만 하자구나."

"안돼요, 엄니. 오늘은 눈도 내리고 바람도 많이 부는걸요."

하지만 어머니의 간절한 부탁을 거절할 수가 없었어요.

덕보는 어머니를 안아서 조심스레 지게 위에 태우고 춥지 않게 이불을 씌워 드렸죠. 그리고는 사립문을 나섰어요.

"뛰뛰!" "빵~~~~~빵~·!"

동네 사람들이 나와 보고는 모두들 눈시울을 붉혔어요.

방앗간 집 앞을 지날 때였죠.

"엄니! 아, 기분 좋다 한번 해 보셔유."

덕보의 말에 어머니는 기분이 좋다는 듯 고개를 푹 숙였어요.

그리고는 다시 고개를 들지 못했어요.

함박눈은 소리없이 내리고 있었어요.

가문비나무의 꿈

깊은 산속에 가문비나무가 살았어요.

그 나무는 모든 게 불만이었어요.

"아이 심심해, 매일 똑같은 일만 일어나니 정말 재미없어. 어유, 저 듣기 싫은 새소리, 좀 조용히 해."

나무가 큰 소리를 치자 옆에 있던 작은 풀이 말했어요.

"가문비나무야, 새소리가 즐겁다고 생각해 보렴. 그럼 너도 행복할 텐데……."

"아니, 조그만 게 뭘 안다고 그래."

"난 작지만 너보다 더 오래 살았단다. 나에겐 꿈이 있어. 언젠가는 누군가에게 귀하게 쓰이고 싶거든. 또 그렇게 되기 위해 땅의 기운을 뿌리에 모으고 있단다."

"보잘것없는 게 귀하게 된다구? 흥."

나무는 코웃음을 쳤지요.

작은 풀은 시간이 지나도 작은 키 그대로였어요.

그러던 어느 해 빨간 꽃을 피워 냈어요.

"조그만 게 꽃까지 달다니, 정말 이상한 풀이군……."

어느 날이었어요.

할아버지 한 분이 나무에 기대어 앉아 있다가 작은 풀꽃을 보더니 벌떡 일어나는 게 아니겠어요.

"와! 산삼이다, 산삼이야~! 심봤다~."

아버지가 덩실덩실 춤을 추며 좋아했어요.

"작은 풀 하나가 저렇게 큰 기쁨을 주다니……. 나도 저렇게 기쁨을 주는 나무가 되고 싶어." 그날 이후 가문비나무에게는 새소리가 즐겁게 들리고 숲 속이 평화롭게 느껴졌어요.

산이 여러 번 옷을 바꿔 입던 어느 날 온 산이 흔들리고 이상한 기계 소리가 나기 시작했어요. 어? 이게 무슨 소리지? 소나무 할머니 무슨 소리예요.

"큰일 났구나. 이 산이 없어지고 넓은 고속도로가 생긴다는구나."

"안 돼요! 난 꿈이 있어요. 이대로 없어지긴 싫단 말이에요."

가문비나무가 애타게 소리쳤지만 아무 소용이 없었지요.

기계 소리는 하루하루 점점 더 가까이 왔어요.

"으아아아악~."

쿵 소리와 함께 가문비나무는 너무 아파서 정신을 잃었지요.

얼마나 지났을까요.

"딩동 딩동 딩동 딩동 댕~."

아름다운 소리에 살며시 눈을 뜬 가문비나무는 깜짝 놀랐어요.

글쎄, 자기의 몸이 피아노가 되어 있지 않겠어요.

"딩동 딩 동 딩동 딩동 댕~"

가문비나무의 꿈을 실은 피아노 소리는 사람들의 가슴 속에 기쁨으로, 기쁨으로 울려 펴졌답니다.

할머니는 내 친구!

"송아, 오늘 할머니 모시고 올 거야."

"네? 엄마 정말이에요? 언제요.

"응, 우리 송이가 유치원 갔다 오면 할머니가 집에 와 계실거야."

"야, 신난다. 엄마, 나 유치원 빨리 갔다 올래요."

"그렇게 좋아

"네. 유치원 다녀오겠습니다."

송이는 시골에서 혼자 농사짓고 사시는 할머니를 무척 좋아해요.

흙냄새 나는 할머니는 송이가 좋아하는 고구마도 쪄 주시고,
옛날이야기도 많이 들려 주셨어요.

할머니의 이야기는 커다란 날개를 펼치고 재미있고 신비한 곳으로 데려다 주곤 했지요.

유치원 차에서 내린 송이는 할머니가 너무 보고 싶어 숨을 헐떡이며 집으로 뛰어 들어왔어요. "할머니, 할머니~"

"너 누구야? 내 과자 뺏어 먹으려고 왔지? 안 돼!"

"할머니, 장난치시는 거 다 알아요."

"나만 먹을 거야. 저리 가." "으응? 할머니!"

왠지 할머니가 이상해 보였어요.

송이를 보며 환하게 웃어주시던 할머니가 아니었어요.

할머니는 송이의 장난감을 들고 방안을 뛰어다니며 소리를 지르기도 하고 어린 아이처럼 투정을 부려 엄마를 힘들게 하기도 했지요.

할머니는 장난감통에서 송이가 가장 좋아하는 인형을 꺼내들었어요.

"이거 예뻐. 이거 내꺼야!".

그 인형은 얼마 전, 송이 생일날 멀리 외국에 가 계신 아버지께서 보내주신 송이에게는 아주 특별한 선물이거든요.

"할머니, 그렇게 잡아당기면 안 돼. 인형이 아프단 말이야. 내 인형 주세요."

"이리 줘! 내꺼야! 저리 가!"

"엄 ~ 마!"

할머니가 잡아당기는 순간 인형의 예쁜 드레스가 찢어지고 말았어요.

"으아앙~ ~ 난 몰라. 할머니 미워.우리 할머니 아니야."

송이는 엄마 품에 안겨 한참 동안 울었어요.

"송아, 할머니가 이상해진 것 같아 속상하지"

"응. 할머니 정말 이상해. 엄마, 우리 할머니 왜 이상해졌어요."

"할머니가 우리 송이 너무 많이 사랑하는 거 알지."

"응, 송이도 할머니 사랑했는데...."

"그래. 그래서 송이랑 똑같은 어린아이가 되어 친구처럼 같이 먹고 같이 놀고 싶으셨나봐." "으응? 송이 친구?" 나랑 똑같이 잠시 생각을 하던 송이는 알았다는 듯 고개를 끄덕였어요.

"할머니~ 할머니랑 나랑은 이제 친구다!"

"친구 나 친구 좋아. 친구, 놀아."

"우리 소꿉놀이 하자. 난, 애기!"

"싫어. 내가 애기야."

"응 ~ 좋아. 할머니가 친구랑은 사이좋게 놀아야 한다고 했으니까. 그럼 난, 할머니 할게!"

배고파. 밥 줘."

할머니는 고집불통, 투정꾸러기 애기가 되었어요.

그래도 할머니가 밉지 않았지요.

송이는 애기가 된 할머니의 얼굴도 닦아주고 밥도 먹여드렸어요.

"송아, 나 잠 온다. 나 잘 거야."

"세수하고 자야지. 할머니!"

"음 ~ 잘 거야."

"알았어. 그럼 내가 할머니 잘 자게 옛날이야기 해 줄게."

눈을 감은 할머니의 모습이 참 편안해 보였어요.

할머니는 알고 있을까요.

송이가 들려주는 이야기는 예전에 할머니가 송이에게 재미나게 들려주던 이야기라는 걸 말이에요.

말썽꾸러기 연필 뭉뚝이

말썽꾸러기 연필 뭉뚝이가 있었어요.

뭉뚝이는 언제나 제멋대로 다니며, 말썽을 부리는 아이였어요.

어느 날, 지우개 엄마는 밖으로 나가는 뭉뚝이에게 조용히 말씀하셨어요.

"얘, 뭉뚝아! 오늘은 제발 조심하거라, 남을 괴롭히는 장난을 하면, 너도 언젠가는 후회를 하게 된단다."

"헤헤, 싫어요. 싫어. 난, 이 세상에서 말썽피우는 것 보다 더 재미난 건 못 보았는걸요."

뭉뚝이는 또 다시 말썽 피울 궁리를 하며, 밖으로 나갔어요.

"어!~ 이게 뭐지? 우편가방 아냐? 어디 뭐가 들어 있나 볼까."

뭉뚝이는 자전거 위에 놓인 우편가방을 보고는 그 속으로 들어갔어요.

"히히! 좋은 생각이 났다. 편지봉투의 글자를 엉터리로 바꿔 놓아야지. 번지를 26번지로! 31번지를 84번지로! 역시, 난 말썽대장이야."

우체부 아저씨는 아무것도 모른 채 편지를 전하기 위해 이집 저집을 바쁘게 다녔어요.

"26번지요! 84번지요."

"여긴 그런 사람 없는데요."

한참 후에야, 편지봉투의 숫자가 바뀐 것을 안 우체부 아저씨는 털썩 주저앉고 말았어요.

"아휴, 죄송합니다. 우리 뭉뚝이가 또 잘못을... 제가 지워 드리겠습니다."

지우개 엄마는 뭉뚝이가 엉터리로 고쳐놓은 숫자를 지우고, 그 많은 편지들을 원래대로 해 놓았어요.

얼마 전에도 뭉뚝이는 새로 칠해진 담장에 온통 낙서를 했죠.

"어때, 이만하면 낙서 왕 답지!"

그때에도 지우개 엄마는 그 길고 높은 벽을 다 지우셨어요.

어느 날 이었어요.

뭉뚝이는 그림 전시회장을 지나가게 되었어요.

"히히... 그림 전시회라고? 내가 솜씨 좀 부려볼까? 아마 최고의 걸작품이 나올 거야!"

뭉뚝이는 그림마다 마구 줄을 그어 대기 시작했어요.

예쁜 물고기가 무시무시한 상어가 되고, 고운 아이 얼굴은 수염 난 괴물이 되어 버렸어요. "아니? 누가 내 그림을 엉망으로 만들어 놓았지."

화가 난 아저씨는 어쩔 줄 몰랐어요.

그것을 본 뭉뚝이가 배를 잡고 웃었어요.

"옳아, 네 녀석의 짓이로구나! 너 혼좀 나야겠구나."

그때 지우개 엄마가 땀을 뻘뻘 흘리며 달려왔어요.

"어머, 죄송합니다. 모두가 제 잘못이에요. 제발 우리 뭉뚝이를 용서해 주세요."

지우개 엄마가 간곡히 사정을 했어요.

"어? 아니? 엄마! 엄마 몸이 왜 그렇게 작아지셨어요."

뭉뚝이가 너무나 조그맣게 변해버린 엄마의 모습을 보고 깜짝 놀라고 말았어요.

"네가 저지른 잘못을 어멈이 닦고, 지우며 다니다 보니 어멈 몸이 다 닳았나 보구나. 쯔쯔쯔."

옆에 계시던 할머니가 말씀하셨어요.

지우개 엄마의 얼굴에는 주름이 져 있었어요.

"엄마, 잘못했어요. 다시는 말썽을 피우지 않을게요."

그때부터 뭉뚝이는 엄마를 기쁘게 해 드리기 위해 좋은 이야기를 쓰기 시작했어요.

혹시라도 엄마 몸이 또 닳게 될까 봐, 뭉뚝이는 생각하고 또 생각해서 곧고 바른 이야기만 쓰게 되었답니다.

잃어버린 장갑

바람이 쌩쌩 부는 추운 겨울날 할아버지와 바둑이가 숲 속을 지나가고 있었어요.

"어휴 날이 아주 춥구먼, 어서 가자 바둑아"

할아버지는 걸어가는 동안 장갑 한 짝을 떨어뜨렸어요.

들쥐가 지나가다가 장갑을 발견했어요.

"야! 커다란 장갑이 있네. 여기 들어가서 살면 따뜻하겠다."

팔짝팔짝 뛰며 지나가던 개구리가 장갑을 보았어요.

"어~ 장갑이 움직이네. 누구니? 장갑 속에 사는 건"

"난 먹보 쥐야, 넌 누구니"

"난 팔짝팔짝 개구리야, 나도 들어갈까"

"좋아, 들어와"

이제 장갑 속에는 들쥐와 개구리가 살게 되었어요.

하얀 토끼가 깡충깡충 뛰며 지나가다가 움직이는 장갑을 보았어요.

"어~ 장갑이 떨어져있네, 어휴 깜짝이야! 장갑 속에 사는 건 누구니"

"먹보 쥐와 팔짝이 개구리야. 넌"

"난 깡충이 토끼야. 나도 들어갈까"

"들어와"

들쥐와 개구리는 반갑게 맞아 주었어요. 이제 장갑 속에는 세 마리가 살게 되었어요.

이번엔 멋쟁이 여우가 나타났어요.

"장갑이 꿈틀꿈틀하네. 누구니? 장갑 속에 사는 건"

"먹보 쥐와 팔짝이 개구리와 깡충이 토끼야. 너는 누구니?"

"난 멋쟁이 여우야. 나도 들어갈까"

"들어와."

장갑 속에는 네 마리의 친구가 살게 되었어요.

쿵! 쿵! 느림보 곰이 나타났어요.

"불룩한 장갑이 있네. 누구니? 장갑 속에 사는 건"

"먹보 쥐와 팔짝이 개구리와 깡충이 토끼와 멋쟁이 여우야, 넌 누구니?"

"난 느림보 곰이야, 나도 들어갈까?"

"안돼, 들어올 자리가 없어."

토끼가 말했어요.

"야! 곰이 춥겠다, 우리가 꼭 붙어있으면 되잖아."

생쥐가 말하자 다른 동물 친구들이 큰소리로 말했어요.

"좋아, 들어와. 하지만 몸을 바짝 움추려야 해"

이렇게 해서 장갑 속에는 동물 다섯 마리가 살게 되었어요.

그런데 숲 속을 걸어가던 할아버지는 그제야 장갑 한 짝이 없어진 것을 알았어요.

"장갑이 어디 떨어졌나~"

할아버지는 장갑을 찾으러 왔던 길을 되돌아갔어요.

바둑이가 앞장서서 달려가다가 움직이는 장갑을 발견했어요.

"멍멍멍"

그러자 장갑 속의 동물들은 깜짝 놀라 밖으로 기어 나와 숲 속으로 이리저리 도망갔어요.

"이제야 손이 따뜻해졌네!"

할아버지는 떨어진 장갑을 주워 손에 끼고는 집으로 돌아갔답니다.

삐순이의 노래

"꾹꾹꾹꾹 꼬꼬댁……!"

"얘들아 엄마는 아침식사 좀 하고 올테니 잠깐만 기다리거라!"

삐순이네 집은 양지 바른 마당 한 쪽에 있었어요.

삐순이와 동생들을 품어주던 엄마는 아침식사를 하러 가시고 삐순이 남매들은 지푸라기로 만든 집속에서 놀고 있었어요.

"얘들아 ! 답답하더라도 꼭 참아야 돼. 조금만 기다리면 우리는 노오랗고 예쁜 병아리가 된다고 엄마가 말씀하셨잖아."

"알았어, 언니! 하지만 언니의 목소리만 들리니, 언니의 모습이 여간 궁금한 게 아니야. 하지만 그때까지 참아야지."

삐순이 남매들이 이렇게 얘기를 하고 있는데 누구인가가 노래를 부르며 다가왔어요.

"요들레이…레이레이 지렁지렁, …! 어? 너희들은 뭐야? 에구! 하얀 돌멩이들이 왜 이렇게 많이 모여 있지?"

"우리는 돌멩이가 아니야, 조금 있으면 예쁜 병아리가 될 꺼야."

"흥! 엉터리같은 소리! 돌멩이가 어떻게 병아리가 되냐? 너희들은 움직이지도 못하고 참 불쌍하구나! 난 말야, 진흙탕 하수도 속에도 돌아다니는데 말야, 잘 있어 돌멩이들. 나는 간다! 요들레이… 지렁지렁!"

지렁이가 돌아간 뒤 삐순이는 생각했어요.

'이상하다! 엄마가 분명히 병아리가 된다고 말씀하셨는데….'

그러자 이번에는 개미가 나타났어요.

"어? 이게 뭐야? 만두하고 찐빵이 지푸라기 속에 누워 있네. 우하하! 오래간만에 몸 보신 좀 하자…..에잇….'딱!' 아이고 이빨이야! 이거 알고 보니까 순 돌멩이잖아!"

"아니야! 우리는 돌멩이가 아니고 계란이란 말야. 조금 있으면 예쁜 병아리가 될 거야"

"헤헤, 그런 말이 어디 있냐? 돌멩이가 태어날 때부터 돌멩이이고 병아리는 처음부터 병아리인 거야. 어떻게 그 딱딱한 돌멩이를 깨고 나올 수가 있단 말이냐."

"아니야! 분명히 우리엄마가 그러셨다니까."

"아이고 복잡해! 나는 모르겠다. 하지만 나는 네 말을 믿을 수가 없어!"

개미가 사라진 뒤에도 삐순이는 한참동안이나 생각했어요.

"나는 정말 돌멩이란 말인가? 엄마 말을 듣고 굴러다니고 싶은 것도 꾹 참고 있었는데"

"꾹꾹꾹꾹 꼬꼬댁!"

엄마가 돌아오시자 삐순이는 화가 나서 말했어요.

"엄마! 지렁이하고 개미가 그러는데 우리는 돌멩이래요! 우리는 병아리가 될 수 없대요."

"저런! 그래서 잔뜩 화가 났구나! 하지만 그 애들은 잘 모르니까 그런 말을 하는 거야. 엄마가 너희들을 얼마나 사랑하는데. 나도 빨리 너희들을 보고 싶구나."

"그렇다면 정말 우리들이 병아리가 되는 거군요."

"그럼! 그럼! 자 이제 또 엄마가 따뜻하게 품어 줄게."

삐순이는 엄마 말을 듣고는 안심이 돼서 엄마 품에 꼬옥 안겼어요. 하루, 이틀, 일주일 이렇게 여러 날이 지난 어느 날이었어요.

"엄마! 답답해서 여기서는 더 이상 견딜 수가 없어요. 빨리 밖으로 나가고 싶어요."

"옳지! 우리 삐순이가 이제 예쁜 병아리가 되려는가 보구나, 이제 네 입으로 껍질을 꾹꾹 쪼아봐라. 날개에도 더욱 힘을 주고."

"알았어요 엄마! 영차! 영차! 웃차….얏!"

"삐약삐약, 어?, 와 정말 예쁘다, 그런데 누구세요

"누구라니? 네가 엄마란다."

"네? 아하, 엄마가 이렇게 생기셨구나. 삐약! 그럼 나도 병아리가 된 거구나. 삐약."

"하하하 , 신난다! 엄마 말씀을 듣고 끝까지 참기를 정말 잘했어!"

기분이 좋아진 삐순이가 걸어가는데 그 앞에 지렁이와 개미가 나타났어요.

"어? 선생님은 누구세요? 노란털이 아주 아름답군요!"

"너희들 오랜만이구나!"

"네? 저희들을 아십니까?"

"그럼 알다마다. 너는 지렁이 너는 개미. 얼마 전에 나에게 찾아와서 돌멩이, 찐빵하고 놀렸잖아."

"뭐라고? 그럼 그 돌멩이가 지금 너란 말이야."

"돌멩이가 아니라니까 또 그러네! 너희들 앞으로 한번만 더 그래봐라, 콕! 콕! 쪼아줄 테니까."

엄마 말을 끝까지 믿었던 삐순이는 예쁘고 노란 병아리가 되어서 따스한 봄 햇살을 맞으며 즐거운 노래를 불렀답니다.

해바라기랑 나팔꽃이랑

해가 밝게 뜬 어느 날, 땅 속에 새싹들이 흙을 밀치고 나왔어요.
나팔꽃, 채송화, 해바라기……
새싹들은 따뜻한 햇살을 받으며 시원한 물도 마셨어요.
지나가는 바람에 살랑살랑 춤도 추었지요.
"야, 이젠 우리들 몸도 제법 튼튼해졌는걸."
그런데 나팔꽃은 몸이 너무 가늘어 혼자 설 수가 없었어요.

"채송화야, 내 손 좀 잡아줘."
"난 키가 작아서 안돼."
그러자 옆에 있던 다른 꽃이 비웃었어요.
"설 수 없으면 누워 있으렴."
이 때 부드러운 목소리가 들렸어요.
"나팔꽃, 이리와."
키가 큰 해바라기였어요.
"난 키도 크고 온 몸에 털도 많으니까 미끄러지지 않을 거야."
"해바라기 아주머니, 고맙습니다."
나팔꽃은 해바라기를 감으며 올라갔어요.
해바라기는 힘이 들었지만 나팔꽃을 꼭 잡아 주었어요.
나팔꽃은 아침이 되자 '또따또따' 다른 친구들을 깨워 주었지요.
옆에서 비웃던 친구들도 이제 사이좋은 친구가 되었답니다.

여우의 알

햇볕이 따뜻한 어느 여름날이었어요.

배가 몹시 고픈 여우 한 마리가 큰 나무 밑에서 커다란 알을 발견했어요.

"우와, 맛있겠는데... 그냥 꿀꺽 삼켜 버릴까. 아니, 잠깐! 그게 아니지," 여우는 생각했어요.

'이왕에 먹을 거라면, 알에서 깨어난 포동포동한 아기 새를 꿀꺽...'

여우는 히죽이 웃으며 군침을 삼켰어요.

그리고는 나무아래 둥우리를 틀고 알을 품기 시작했어요.

"어머 어머, 저 일을 어떡하지."

"여우가 저 알을 어떻게 하려는 걸까."

다람쥐들이 나무 위에서 걱정스러운 목소리로 수근거렸어요.

어느 새 깜깜한 밤이 되었어요.

족제비 한 마리가 코를 벌름거리며 나타났어요.

"어, 큰 새가 알을 품고 있네. 어디 하나 슬쩍 해 볼까?"

족제비는 여우의 배 밑에 손을 넣어 알을 꺼냈어요.

"우와, 정말 맛있겠다."

족제비는 알을 깨 먹으려고 나무 줄기에 힘껏 부딪쳤어요.

그런데 그만 알이 미끄러져 족제비의 머리 위로 꽝 하고 떨어졌어요.

그 소리에 깜짝 놀라 잠이 깬 여우는 족제비를 향해 소리쳤어요.

"무슨 짓이냐! 그건 내 알이란 말이야."

여우는 새처럼 뾰족한 입으로 콕콕 쪼고, 꼬리로 철썩철썩 내리쳤어요.

"아이쿠, 도깨비 새다."

가까스로 도망쳐 온 족제비는 그 이야기를 오소리에게 했어요.

"뭐, 도깨비 새라고? 우하하하 세상에 그런 새가 어디 있어. 그 알은 내가 먹어야 될 것 같은데..."

오소리는 깔깔 웃으며 알이 있는 나무쪽으로 갔어요.

멀리서 오소리가 오고 있는 것을 알아차린 여우는 재빨리 나무 위로 올라가 숨었어요.

“족제비는 바보야. 이 맛있는 알을 두로 도망을 가다니… 흐흐, 신난다. 어서 먹어야지.”

오소리가 막 알을 먹으려고 할 때였어요.

쾅! 소리와 함께 여우가 오소리 위로 떨어졌어요.

그리고 오소리 궁둥이를 발로 힘껏 걷어찼어요.

“아야! 아이구 아파” 오소리는 울면서 도망갔어요.

“아무도 내 알을 훔쳐 가지 못하게 단단히 지켜야겠어.”

여우는 비가 오나 바람이 부나 날마다 쉬지 않고 알을 품었어요.

‘어서 빨리 알에서 깨어났으면 좋겠네.’

그러던 어느 날 이었어요. 알에 조금씩 조금씩 금이 가기 시작했어요.

“그래! 어서 나와라. 옳지! 조금만 더… 히히히, 이젠 먹는 일만 남았네.”

여우는 기뻐서 알을 콕콕 쪼았어요. “삐익 삐익”

알이 깨지더니 귀여운 아기 새가 머리를 쏘옥 내밀었어요.

여우는 아기 새를 잡아먹으려고 입을 크게 벌렸어요.

“아유! 큰 일났네. 여우가 잡아먹으면 어떡하지”

다람쥐들은 얼른 눈을 가렸어요. 그런데, 어떻게 된 일일까요? 여우는 아기 새를 도저히 잡아먹을 수가 없었어요. 너무 작고 예쁜 아기 새였거든요.

“엄마, 나하고 놀아요.”

“엄마, 배고파.”

“얘가 왜 이래. 저리가! 나는 네 엄마가 아니란 말이야.”

난처해진 여우는 아기 새를 놓아두고 숲 속으로 도망갔어요.

하지만 둥지 안에 두고 온 아기 새가 걱정이 되어 견딜 수가 없었어요.

“삐익 삐익”

가엾은 아기 새의 울음소리가 숲 속까지 들려 오고 있었어요.
'어떻게 하나, 어떻게 하지.'
여우는 쩔쩔매다가 마침내, 아기 새가 있는 곳으로 돌아왔어요.
"엄마! 엄마!"
아기 새는 여우를 보자 반가워 여우 품에 안겼어요.
여우는 아기 새를 꼭 안아 주었어요.
숲 속의 다람쥐와 새들도 모두 기뻐하며 춤을 추었어요.
그러나 누구보다도 기뻐한 것은 여우였어요.
꽃잎이 살랑살랑 아기 새와 여우의 머리 위로 살며시 내려앉았답니다.

선생님은 옛날 이야기를 좋아한 대요.

"할머니, 진주 왔어요."
"오냐, 내 강아지, 할미가 사탕 줄까?"
"아니요, 옛날 이야기 해 주세요."
"또 옛날 이야기? 어디 보자, 무슨 얘길 해주나…"
그러면서 할머니는 눈을 가늘게 뜨곤 하셨어요.
"옛날 옛적에 갓날 갓적에…."
이렇게 시작되는 할머니의 이야기는 어떤 동화보다도 재미있었어요.
그런데 요즘 할머니가 이상해졌어요.
어제는 치맛자락으로 뭔가를 슬쩍 감추기까지 하셨어요.
'할머니한테 비밀이 생긴 거야.'
진주는 할머니가 안 계신 날, 살그머니 할머니 방에 들어가 보았어요.
"어? 이건 내 1학년 책이잖아."
그때, 할머니가 들어오셨어요. "이리 다오."
"할머니! 글자 공부하세요."

"글자공부는... 그냥 심심해서 따라 그려본 게야."

"엄마 때문에 아직도 속상하세요."

"아니다, 그만한 일을 갖고 뭘...."

말씀은 그렇게 하시지만, 할머니의 얼굴은 눈에 띄게 쓸쓸해 보였어요.

할머니가 전화내용을 엉뚱하게 전하는 것은 어제오늘의 일이 아니거든요.

며칠 전에, 중요한 약속을 어기게 된 엄마가 그만 참지 못하고 한 마디 하셨어요.

"어머님, 전화를 받으셨으면 제대로 전해 주셔야죠."

"종이에 적어두면 이런 일이 없을 텐데, 한글을 모르시니 원....."

방금까지도 미안한 표정으로 엄마의 눈치를 살피던 할머니는 그 말을 듣자 버럭 화를 내셨어요.

"알았다. 이제부터 전화를 안 받으면 될 것 아니냐."

"누군 글을 배우기 싫어서 안 배운 줄 아니? 어렸을 땐 일곱이나 되는 동생 늘 돌보느라 글자가 뭔지도 몰랐다."

"어머니, 고정하세요. 전 그저....."

"시집 와서는 전쟁통에 느이 시아버지 잃고, 삼 남매 먹여 살리느라 글자 같은 건 눈에 뵈지도 않더라. 오냐, 글 모르는 거야 백 번 내가 못난 탓이다마는, 그래도 입때껏 사람이 해야 할 도리는 다하고 살았느니라...."

그날, 할머니는 방문을 걸어 잠그고 저녁도 잡숫지 않았어요.

진주는 할머니의 손을 꼭 잡았어요.

"할머니, 제가 글자 가르쳐 드려요."

"니 공부만 해도 벅찰텐디.... 이 나이에 새삼스럽게 글은 배워서 뭣하누."

"왜요, 할머니, 혼자서 전철도 타시구요, 은행에서 돈도 찾구요, 옛날 이야기책도 많이 읽구요."

말을 하다 보니, 정말로 그렇게 되었으면 싶은 간절한 바람이 진주의 마음에서 우러났어요. 할머니는 그렁그렁 맺혀 오르는 눈물을 손끝으로 닦아내며 들뜬 목소리로 물었어요.

“진주야, 할미도 배우기만 하면 글을 깨칠 수 있을까.”

“그러믄요, 할머니.” “하긴 이래봬도 소시적엔 영특하다는 소리 꽤나 들었지.”

“할머니, 지금부턴 제가 선생님이에요.”

“예, 선생님.”

“그럼 공부를 시작하기 전에 부탁이 하나 있는데....할머니, 옛날 얘기 하나만 해 주세요. 네.”

“뭬이야”

“아이, 할머니.”

“아니 무슨 선생님이 옛날 이야기를 그렇게 좋아한대.”

할머니의 눈이 금방 가늘어졌어요.

“옛날 옛적에 갓날 갓적에....”

바람도 옛날 이야기를 듣고 싶은지, 창문을 달캉달캉 흔들고 있었어요.

하늘을 담은 항아리

장독대에는 크고 작은 항아리들이 있었어요.

크고 당당한 간장 항아리 된장 항아리. 반짝반짝 윤이 나는 고추장 항아리....

항아리들 중에 볼품 없는 빈 항아리가 하나 있었어요.

"나도 무언가를 담아 보았으면.... 아니, 뚜껑이라도 있었으면...."

입을 떡 벌리고 서 있던 빈 항아리는 언제나 옆에 있는 항아리를 부러워했어요. "얘, 넌 언제나 먼지와 구정물로 가득찼구나."

옆에 있던 다른 항아리들이 비웃었어요.

빈 항아리는 항상 외톨이였어요.

장마비가 주룩주룩 내리던 날이었어요.

"어머, 우리는 뚜껑을 덮었는데, 넌 뚜껑이 없어서 빗물이 다 들어가겠구나!"

다른 항아리들은 뚜껑을 꼭꼭 닫고 빗물을 튕겨 내며 빈 항아리를 안됐다는 듯이 바라보았어요.

"그래, 난 아무 곳에도 필요가 없는 항아리구나."

빈 항아리는 자신이 너무 창피해서 눈물이 나왔어요.

며칠 뒤 장마가 그쳤어요.

빗물 속에서 줄곧 울기만 하던 빈 항아리는 자신이 달라진 것을 깨달았어요.

"어? 바람만 머물다가던 내 몸 속이 맑은 물로 가득찼어."

"그래, 빈 항아리야. 네가 비어 있었기 때문에 우리랑 친구가 될 수 있었던 거야." 빗물이 찰랑찰랑 소리를 내며 말했어요.

"그래, 내가 왜 못생긴 내 모습만 탓하고 가슴을 열지 못했을까? 생각을 깊이 하지 못했을까? 가슴을 열어야 해. 가슴을 열자. 가슴을 더 활짝."

어느 샌가 빈 항아리의 가슴이 따뜻해져 왔어요.

"아, 달빛……"

못생긴 항아리는 달빛을 꼭 껴안았어요.

"아, 나는 달빛을 담을 수 있구나! 별빛도, 하늘도 담을 수 있구나. 라 랄랄"

못 생긴 항아리는 기쁜 목소리로 노래를 불렀어요.

그 노래는 달빛 같은 노래였어요. 바람 같은 노래였어요.

"얘들아, 난 너무 행복해. 이제 빈 항아리가 아니란다. 하늘을 담는 항아리라고."

빈 항아리는 하얀 구름이 예쁘게 수놓인 파란 하늘을 항아리 가득 담고 소리쳤답니다.

게으름뱅이 도깨비

하늘 꼭대기에 구름산이 있었어요.

그곳에 엄마아빠 말을 잘 안 듣는 아기도깨비 뿌뿌가 살고 있어요.

“뿌뿌야, 세수해라.” “싫어 싫어.”

“뿌뿌야, 손 닦아라.” “싫단 말이야.”

“뿌뿌야, 뿔도 깨끗이 닦아야지.” “아이 귀찮아.”

도깨비대왕인 뿌뿌 아빠는 말 안 듣는 뿌뿌 때문에 골치가 아팠어요.

“무슨 방법이 없을까? 옳지, 좋은 방법이 있다.”

도깨비대왕은 가마솥에 여러 가지 재료들을 넣고 주문을 외웠어요.

“수리수리 마하수리! 아주 작은 것이라도 볼 수 있도록. 수리수리 마하수리 얍!” 도깨비대왕이 만든 것은 녹색 안경이었어요.

“뿌뿌야, 선물이다.”

“와, 멋있다. 이거 쓰고 놀아야지.”

뿌뿌는 안경을 쓰고 뛰어놀았어요.

한참을 놀다가 뿌뿌는 제 손을 보았어요.

“으악, 이게 뭐야?”

뿌뿌의 손 밑에 때가 덕지덕지 끼어 있고 그 속에는 벌레들이 우글거렸어요.

뿌뿌는 놀라서 뒤로 벌렁 자빠졌어요.

정신을 차린 뿌뿌는 거울을 보았어요.

작은 벌레들이 뿌뿌를 쳐다보고 있었어요.

“우리들은 부스스한 머리를 좋아한단다. 한 번도 닦지 않은 네 뿔은 우리들의 놀이터지. 미끄럼도 타고 술래잡기도 하고.”

벌레들이 노래를 불렀어요.

뿌뿌는 입을 크게 벌렸어요.

누런 이 사이에도 벌레들이 있었어요.

"우린 이런 곳 좋아하지. 더럽고 냄새나고 축축한 곳."

"으악! 싫어. 싫어."

그 후 뿌뿌는 날마다 이도 닦고 머리도 감고 뿔도 깨끗하게 닦았대요.

왕배꼽 호랑이 형님

옛날옛날 어느 마을에 왕배꼽이라고 놀림을 받던 나무꾼이 살고 있었어요.

어느 날, 나무꾼이 왕배꼽 호랑이가 살고 있는 산에 올라 나무를 하고 있는데 그 왕배꼽 호랑이가 나타났어요.

'이를 어쩌지. 숨을 데라곤 없고, 꼼짝없이 호랑이에게 잡히게 생겼네! 옳지, 어머니께서 호랑이한테 물려가도 정신만 차리면 산다고 하셨지.

나무꾼은 얼른 꾀를 내어 호랑이가 달려들기 전에 넙죽 엎드리며 말했어요.

"아이쿠, 형님! 그, 그 동안 형님을 어, 얼마나 찾았는데 이, 이제야 오십니까?"

"뭐, 형님? 헤헤헤. 그런다고 내가 너를 안 잡아먹을 줄 아냐? 응! 난 말야. 지금 몹시 배가 고파. 어흥, 어흥!" 호랑이가 큰 입을 벌리며 덤벼들려고 할 때였어요.

"형님! 형님. 이 배꼽을 보세요. 이 배꼽!" "뭐? 배꼽"

"네. 이 산속에서 배꼽이 저와 똑같은 호랑이를 만나게 되면 형님이라고 부르라며 어머니께서 말씀 하셨어요." "그래? 그러고 보니 닮긴 닮은 것 같기도 하네."

*"어머니께선 가끔 저에게 형님을 산으로 보낼 수밖에 없었던 얘기를 들려주시며 그동안 눈물로 세월을 보내셨어요." "산으로 보낼 수밖에 없었다니·· 에헴. 그게 무슨 말이냐?" "형님은 태어날 때부터 무척 아팠

대요. 그래서 어머니께선 매일매일 산신령님께 빌게 되었고 그러던 어느 날 어머니의 꿈에 산신령님이 나타나 이렇게 말씀하셨대요." "어떻게" "이 아이는 병이 너무 깊어 이대로 살리기는 어렵고 굳이 살리겠다면 호랑이로 변해야 살 수 있느니라. 호랑이라도 되어 살리겠느냐? 이렇게 말씀하셨대요. 그래서 형님을 호랑이의 모습으로 산에서 살게 할 수밖에 없었대요"

이 말을 들은 호랑이는 곧 두 눈을 껌뻑거리면서 눈시울을 적시며 말했어요.

"그동안 어머니께서 얼마나 가슴이 아프셨을까? 아우야. 어머니의 건강은 좋으시더냐"

"아뇨. 형님 . 어머니께선 매일매일 형님을 위해 산신령님께 빌고 빌다가 그만 앓아눕게 되셨어요."

"뭐? 앓아 누우셨어? 어머니, 이 불효자식을 용서 해주세요. 어머니!"

호랑이는 나무꾼을 곽 끓어 안고 눈물을 흘리며 울기 시작했어요

"그나저나 아우야 나는 장성한 호랑이가 되어 어머니께서 보시면 놀라실 테니 나 대신 어머님을 부탁한다. 그리고 보름에 한 번씩 산돼지를 잡아서 깊은 밤에 찾아가 뒤뜰에다 던져 놓을 테니, 내가 다녀간 줄 알면 될 것이다."

호랑이는 목이 메어 말도 제대로 못했어요.

"형님 ! 알겠어요. 그럼 몸조심하시고요. 가끔 찾아와 뵙겠어요."

이렇게 해서 나무꾼은 목숨을 건졌어요.

그 뒤로 나무꾼의 집 뒤뜰에는 보름에 한 번씩 어김없이 산돼지가 놓여 있었어요.

다음 해 나무꾼의 어머니는 병이 들어서 시름시름 앓다가 돌아가시게 되었어요.

얼마 후, 나무꾼이 산으로 나무를 하러 갔다가 새끼 호랑이 세 마리를 만

나게 되었어요.

그런데 이상하게도 새끼 호랑이들 꼬리에는 베 헝겊이 매어 있었어요.

"얘들아! 너희들 꼬리에 왜 베 헝겊을 매고 있니?"

"우리 할머니께서도 아저씨처럼 사람이었는데 얼마 전에 하늘나라로 가셨대요. 그 뒤로 아버지도 너무너무 슬퍼서 울기안 하시다가 할머니를 따라 하늘나라로 가셨어요. 그래서 우리는 꼬리에 베 헝겊을 매고 슬퍼하는 거예요."

나무꾼은 그 이야기를 듣고 가슴이 아팠어요. "호랑이야! 내가 잘못했다. 날 용서해 다오."

호랑이에게 미안한 나무꾼은 엎드려서 엉엉 울었대요.

기적을 파세요

올해 일곱 살인 석이 네 집에 큰 걱정거리가 생겼어요.

그건 동생 아람이가 병에 걸려 몇 달째 누워있기 때문이에요.

"불쌍한 우리 아랑이, 변변한 치료도 한번 못해주고……."

선천적으로 말 못하는 농아자인 엄마는 눈물만 흘리며 아람이의 머리만 쓸어줄 뿐이었어요.

아빠도 안 계시는 가난한 석이 네 집 형편으론, 수술비는 엄두도 못 내는 일이었으니까요.

"엄마, 아람이 병원에 가서 수술하면 나을 수 있다면서요."

"수술비가 어디 한 두 푼이어야지 기적이라도 있으면 모를까."

엄마가 힘없이 손짓으로 말했어요.

석이는 어린이집에서도 엄마의 말만 떠올랐어요.

"기적? 기적이 뭐지? 기적만 있으면 아람이가 나을 수 있는 건가?"

집으로 돌아온 석이는 돼지 저금통을 열어 보았어요.

"천원, 이천원, 우와! 모두 칠천육백원이네. 근데 기적은 어디 가서 사야 되는 걸까?"

석이는 돈을 들고 밖으로 나오다 수민이를 만났어요.

"수민아, 기적을 사야 하는데 넌 혹시 어디서 파는지 아니?"

"기적? 그게 뭔데, 먹는 거야"

"응. 우리 엄마가 기적만 있으면 아람이가 나을 수 있대."

"응, 그럼 약이겠구나. 저기 시장 약국에 가면 팔지 않을까?"

석이는 수민이와 함께 약국으로 달려갔어요. "저 저기, 기적 주세요."

"기적? 아니 기적이라니."

약국 아저씨가 고개를 갸우뚱 하자 수민이가 말했어요.

"얘 동생이 아픈데요, 기적만 있으면 나을 수 있대요. 근데 여기서는 기적 안 팔아요?"

"이를 어쩌나 여기선 기적을 팔지 않는단다."

기적을 팔지 않는다는 약국 아저씨의 말에 석이의 얼굴은 울상이 되고 말았어요. 그때, 옆에서 그 모습을 지켜보고 있던 할아버지가 말씀하셨어요.

"꼬마야. 네 동생한테 어떤 기적이 필요하지."

"저도 잘 몰라요. 수술을 해야 하는데 돈은 없고 기적만 있으면 살릴 수 있대요. 그래서 기적을 사러 왔는데 …… 이제 우리 아람이는 어떡해요 흑흑."

"허허 저런, 그래 돈은 얼마나 있지?" "이~ 이만큼요 제가 일 년 동안 저금한 거예요."

석이는 얼른 칠천 육백원을 내밀어 보았어요.

"이런, 많이도 모았구나. 어디 동생이 있는 곳으로 가보자꾸나."

"할아버지 그럼 이 돈으로 기적을 살 수 있는 거예요."

"그럼, 있고 알고."

할아버지는 아람이를 진찰한 뒤 병원으로 옮겨 직접 수술까지 해 주셨어요.

약국 아저씨의 친척인 그 할아버지는 큰 병원의 유명한 의사였거든요.

"고맙습니다. 우리 아람이를 살려주셔서…… 그런데 선생님, 지금 당장 수술비가 없어요. 하지만 제가 몇 년이 걸리더라도 꼭 갚아 드리겠습니다."

"걱정 마세요. 벌써 석이에게 기적 값을 받았는걸요."

"네? 기적 값이라고요."

할아버지는 어리둥절해 하는 엄마에게 기적을 사러 다닌 석이의 이야기를 들려주었어요.

할아버지가 내민 수술비 영수증에는 '수술비용 칠천 육백원'이라고 적혀 있었지요.

"석아!" 엄마의 두 눈에 흘러내리는 눈물 속엔 석이의 해맑은 웃음이 묻어 있었답니다.

지혜의 왕 솔로몬

솔로몬 왕이 이스라엘을 다스릴 때였어요.

"이 아이는 내 아이야!"

"아니야, 내 아이야!"

두 여인의 싸우는 소리가 들려 왔어요.

"어험, 무슨 일인고, 두 여인이 한 아이를 두고 서로 자기 아이라며 싸우고 있었어요."

"어찌된 일이냐? 자세히 말해 보아라."

한 여인이 말했어요.

"임금님, 제가 아기를 낳은 지 삼일 만에 저 여자도 아기를 낳았어요. 하지만 저 여자는 잠버릇이 나빠서 아기를 눌러 죽였지 뭐예요. 그리고는 내가 잠든 사이에 그 죽은 아기를 두고 나의 아기를 가져갔어요. 저의 아기를 돌려주게 해주세요. 네"

"아니, 얼토당토않은 이야기를…… 그 아기는 내 아기야. 내 아기."
하며 또 싸우는 거였어요. 솔로몬 왕은 잠시 하나님께 기도했어요.
"하나님 지혜를 주세요."
그리고는 두 여인을 불렀어요.
"여봐라, 조용히 해라, 장군은 가서 큰 칼을 가지고 오너라!"
"네." 장군은 쏜살같이 가서 칼을 가져 왔어요.
"아니, 웬 칼을?" 싸우던 여인들이 놀라서 물었어요.
"너희들이 그렇게 싸우니 차라리 반으로 잘라서 주어야겠구나."
"여봐라! 어서 자르도록 하여라."
"아! 안됩니다. 임금님." 한 여인이 소리쳤어요.
"왜 그러느냐
"차라리 아이를 저 여인에게 주시지 자르지는 마세요."
그러자 다른 여인이 "아니에요 잘라서 반으로 나눠주세요." 하였어요.
솔로몬 왕은 두 여인을 가만히 보더니,
"여봐라 아기를 자르라는 이 여인이 가짜다. 잡아라!"
"에구구!" "자기의 아기를 사랑하지 않은 엄마는 없느니라."
아기는 친 엄마에게로 무사히 돌아갔어요.
"임금님 감사합니다."
솔로몬 왕은, "아! 하나님, 참 감사합니다." 하고 기도드렸어요.

배고픈 애벌레

해님이 하늘에서 내려다보며 말했어요.

“어!! 이파리 위에 작은 알이 하나 있네.”

다음날 아침, 해님이 떠오른 따뜻한 일요일 아침이 되었어요.

‘뽕’ 하고 알에서 작은 애벌레가 태어났지요.

그런데 애벌레는 배가 몹시 고팠어요.

애벌레는 먹을 것을 찾아 나섰어요.

그리고 월요일 아침, 사과 한 개를 찾아서 먹었어요.

아직도 배는 쪼르륵 쪼르륵,

화요일, 배를 두개 먹었어요.

역시 배는 쪼르륵 쪼르륵,

수요일, 자두를 세게 먹었어요.

그래도 배는 쪼르륵 쪼르륵,

목요일, 딸기를 네 개 먹었어요.

아직도 아직도 배는 쪼르륵 쪼르륵,

금요일, 오렌지를 다섯 개를 먹었어요.

토요일, 애벌레는 무엇을 먹었을까요??

막대 사탕, 치즈, 컵 케이크, 아이스크림!

그날 밤, 애벌레는 배가 아파 엉엉 울었어요.

이튿날 다시 일요일, 애벌레는 초록빛 이파리를 먹었어요.

아주 맛있는 이파리였어요. 배가 아픈 것도 다 나았지 뭐예요!

이제 애벌레는 배고프지 않아요. 작았던 애벌레는,

아주 크고 뚱뚱해졌어요.

이윽고 애벌레는 번데기가 되어 며칠을 잠만 잤어요.

그리고 애벌레는 드디어 껍질을 벗고 나왔지요.

"아! 내가 나비가 되었어."

애벌레는 아름다운 나비가 되어 훨훨 날아올랐대요

금실을 짜는 거미

숲속에 금실을 짜는 거미가 있었어요.

"역시 내가 짜는 실이 제일이야"

"반짝반짝 아름답잖아" 거미는 잘난 체를 하며 다른 거미들이 짜는 실을 흉을 보곤 했어요.

그러나 숲속에 사는 지혜로운 풍뎅이는 항상 거미에게 충고했어요.

"너무나 자만하지 말게, 아 겸손해야 해"

하지만 거미는 지혜로운 풍뎅이 말을 듣지 않았어요.

"정말 귀찮은 풍뎅이야, 나한테 샘이 나나 보군"

이윽고 거미가 금실을 짠다는 소문이 멀리멀리 퍼졌어요.

이소문은 공주의 귀에까지 들어갔어요.

공주는 그거미가 짠 금실로 옷을 만들어 입고 싶었어요.

"그 거미를 갖고 싶구나, 어서 데리고 오도록 하여라"

궁궐에서 높은 사람이 거미를 찾아왔어요.

"공주님께서 모셔오라 하셨습니다."

숲속에 사는 곤충들은 거미가 궁궐로 향하는 것을 보고 모두 부러워했어요.

"얘들아 내가 궁궐에 다녀와서 자세히 얘기해 줄께"

궁궐에 간 거미는 곧 유리로 된 아름다운 보금자리를 갖게 되었어요.

"지혜로운 풍뎅이가 지금의 나를 보았다면 무척 부러워하겠지"

거미는 너무나 만족스러웠어요.

더구나 높은 귀족들 앞에서 뽐내며 금실을 짜게 되어 거미는 더욱더 거만해졌어요.

어느 날 창가에서 금실을 짜고 있던 거미는 고향의 숲으로 돌아가고 싶어졌어요.

"매일매일 유리병 속에 갇혀 금실만 짜는 것은 너무 지루해, 저 공주님 이제 그만하고 싶어요."

"지금은 안돼, 더 많은 금실이 필요하단다. 아직 만들지 못한 옷이 많아"

공주는 거미의 소원을 들어주지 않았어요.

그러나 날이 갈수록 더더욱 고향이 그리워졌답니다.

거미는 지혜로운 풍뎅이의 충고가 생각났어요.

"아 다시는 돌아 갈수 없는 걸까?" 그때 풍뎅이의 충고를 들었어야 했어"

거미는 음식도 먹기 싫고 금실도 짜기 싫어졌어요.

그래서 매일매일 창가를 쳐다보며 눈물을 흘렸어요.

그러던 어느 날 거미를 공주님께 가지고 가던 사람이 그만 쿵하고 넘어지고 말았어요. 거미가 든 유리병은 바닥에 떨어져 산산 조각이 났지요.

드디어 고향의 숲으로 돌아갈 수 있는 기회가 온 거예요.

거미는 정신없이 도망치기 시작했어요.

"그래 내가 너무 자만했어, 다시는 다른 거미들을 흉보지 않을 거야."

거미는 그제서야 지혜로운 풍뎅이의 말이 맞다는 것을 깨달았어요.

거미는 고향으로 돌아와 친구들에게 궁궐에서 있었던 일을 얘기해 주었어요.

그리고 다시는 자만하지 않겠다고 다짐을 했답니다.

마음착한 메기

복남이네 마당에는 조그만 연못이 하나 있었어요.

그 연못에는 여러 가지 물고기가 살고 있었어요.

며칠 전 복남이네 아저씨가 낚시하러 갔다가 크고 못생긴 메기 한 마리를 잡아왔어요.

"아니, 저렇게 못생긴 애가 우리 연못에 오다니!"

"글쎄 말이야. 너무나 못생겼지."

연못속의 다른 고기들은 못생긴 메기와는 놀아주려 하지 않았어요.

그러던 어느 날 메기는 너무 심심해서 곤히 자고 있는 잉어 아가씨에게 갔어요.

"잉어 아가씨! 잉어 아가씨! 잠만 자지 말고 나하고 놀아줘요."

잉어 아가씨는 메기 소리에 눈을 뜨자마자,

"아니, 너처럼 못생긴 메기가 나하고 놀자고? 저리가. 저리 가란 말이야……."

하곤 멀리 가 버렸어요.

"아이! 그러지 말고 나하고 놀아주지. 아니 이번엔 금붕어 아가씨한테 가야겠다."

"금붕어 아가씨! 나와 같이 수영해요."

"아이 깜짝이야! 너는 목소리가 너무 듣기 싫어. 난 너의 목소리에 깜짝 놀랐단 말야." 하며 금붕어도 멀리 달아나 버렸어요.

"왜 모두들 나를 미워하나? 강에 살 땐 아빠, 엄마, 친구도 많았는데. 엄마 흑흑… 아니야, 지금부터 열심히 노력해서 나도 고운 목소리를 가져야겠어, 그러면 나와 놀아줄 꺼야."

"에헴….금붕어 아가씨…. 에헴…. 금붕어 아가씨, 나하고 놀아요. 에헴…. 금붕어 아가씨."

메기는 매일 매일 쉬지 않고 목소리 연습을 했어요.

그러던 어느 날

"랄랄라- 야! 오늘 날씨도 좋구나. 조금 덥긴 해도 말야 라랄라-"

저쪽에서 아주 작은 송사리가 메기 옆으로 다가오고 있었어요.

"옳지 잘됐다. 그동안 내가 연습했으니 시험해 봐야지…."

"송사리야, 송사리야, 나하고 놀자."

메기 목소리가 어찌나 컸던지 깜짝 놀란 송사리는 그만 메기 입속으로 쏙 딸려 들어가서 그만 나오지 못했어요.

이것을 안 다른 물고기들은 더욱 더 메기를 미워했어요.

"나좀 살려 주세요. 나좀 살려 주세요. 아프단 말이야, 잉잉…"

아주 심술꾸러기 물매미가 금붕어와 잉어 등에 올라앉아서 더 못살 게 구는 것이었어요.

다른 물고기는 그냥 벌벌 떨뿐이었어요.

그러나 마음착한 메기는 .

'내가 도와줘야겠다. 저 애들은 나랑 안 놀았지만 내 친구들이니 말야.'

"네 이놈, 물매미야!" 하고 커다란 입으로 넙죽넙죽 모두 삼켜 버렸어요.

물매미에게서 풀려난 잉어와 금붕어는

"메기야, 고마워." "날 용서해줘."

"네 얼굴과 네 목소리가 밉다고 놀지 않은 우릴 넌 구해 주었구나. 넌 마음씨가 착하구나. 우리랑 친구하자, 응?"

"정말! 이렇게 못생긴 나랑 친구할래?"

"응"

"야! 신난다."

그날부터 메기의 연못생활은 아주 즐거웠겠죠.

밤똥참기

저녁을 먹은 지 한참 지난, 늦은 겨울밤.

길남이는 배가 아파 밤중에 잠을 깼어요.

"혀어엉, 형아! 나 ... 똥 마려워."

길남이는 곤하게 자고 있는 길수 형아를 깨웠어요.

"형아, 똥쌀 것 같아."

길수는 벌써 잠을 깼지만, 잠든 척 눈을 꼭 감고 꿈쩍도 하지 않았어요.

"뿌웅뿡뿡!"

길남이가 줄방귀를 뀌어 대자, 길수는 벌떡 일어났어요.

"에이, 자식. 또 밤똥이가? 귀찮아 죽겠네."

길수는 뒷간에 같이 가는 대신, 똥 참는 방법을 알려 주기로 했어요.

"숨을 크게 들이쉬고, 똥구멍에 힘을 바짝 주래이. 그럼 똥이 속 들어간다 아이가."

길남이는 길수가 가르쳐 준 대로 따라 해보았지만 뿡뿡뿡 폭탄 방귀만 터졌어요.

"아유, 독가스! 야아 똥 참으라고 했지, 누가 방귀 뀌랬나."

길수는 길남이한테 꿀밤을 한 대 먹였어요.

"혀, 형! 똥이 찔끔찔끔 나와."

얼굴이 벌게진 길남이는 똥구멍에 손을 댄 채 쩔쩔맸어요.

길수는 할 수 없이 촛불을 들고 뒷간으로 갔어요.

길남이가 바지를 내리고 앉자마자 뒷간 바닥으로 똥이 투욱 툭 떨어졌어요.

"형아, 뭐해"

"니 기다리지 뭐 하긴 뭐해"

"형아, 별 세어봐."

"별은 무슨 별? 뜨지도 않았다."

"그럼 노래 불러줘."

"노래는 무슨 노래? 똥이나 빨리눠!"

길남이는 무서움을 떨쳐 버리려고, 길수에게 자꾸만 말을 걸었어요.

길수는 귀가 떨어져 나갈듯이 시리고 맨발로 나온 터라 발도 꽁꽁 얼었어요.

"다 눴나"

"아~니."

길수는 하늘을 쳐다보며 말했어요.

볼일을 끝낸 길남이가 막 뒷간을 나오려고 할 때 갑자기 바람이 휘몰아쳐, 그만 촛불이 꺼지고 말았어요.

"엄마야!"

아이들의 비명에 놀란 엄마가 허둥지둥 달려왔어요.

"와그라노? 또 밤똥 눴나, 엄마가 다시는 밤똥 안 누게 해 주께."

"정말이요."

길남이의 눈이 휘둥그레졌어요.

엄마는 아이들을 데리고 외양간으로 갔어요.

"자 밤똥을 누지 않으려면 닭한테 절을 해야 한대이."

엄마는 길남이에게 말했어요.

"닭한테 절을 해요? 싫어요."

"그럼 너 계속 밤똥 눌끼가"

"... 절만 하면 되는 거예요"

"그럼!"

길남이는 한참을 망설이더니 어쩔 수 없이 닭한테 꾸벅 절을 했어요.

길수가 낄낄 웃어 댔어요.

"길수야, 웃지 말고 니도 같이 해라."

엄마는 닭을 쳐다보며 정성스럽게 빌었어요.

때마침, 횃대 위에 앉아 있던 닭 한 마리가 똥을 찌익, 누는 게 아니겠어요.

"엄마, 저기 닭이 똥을 싸요!"

길수가 깜짝 놀라 소리를 질렀어요.

"저 닭이 너희가 판 똥을 샀나보네."

엄마가 활짝 웃으며 말했어요.

한바탕 소란을 피우며 밤똥 팔기를 끝낸 길남이와 길수는 다시 방으로 들어갔어요.

눈은 소리 없이 점점 쌓여 가고 아이들의 잠도 점점 깊어만 갔어요.

방귀할아버지

옛날 어느 마을에 마음씨 착한 할아버지가 살았어요.

할아버지는 오늘도 산에 나무하러 갔어요.

"영차 영차, 힘들다 좀 쉬었다 할까? 아-함"

할아버지는 크게 하품을 하였지요. 그런데 그때 날아가던 꾀꼬리 한마리가 그만 할아버지 속으로 들어가 버렸어요.

'아니 이게 뭐야! 꾀꼬리 한마리가 내 뱃속으로 들어간 게 틀림없지. 새야 조금만 기다려라. 내 널 꺼내 줄테니.'

할아버지는 곰곰이 생각했어요. '무슨 좋은 방법이 없을까? 그래, 입으로 들어갔으니 요기로 나오면 되겠구나. 그렇다면 어디 한번 힘줘 볼까

할아버지는 방귀를 뀌기 위해 있는 힘을 다했어요.

'에잇 끄응' 그러자 "할아버지 뱃속에 집을 지었지."

할아버지 엉덩이에선 방귀대신 예쁜 노래소리만 나왔어요.

'아이구 신기해라, 동네사람들한테 가서 들려줘야지.'

마을로 내려와 동네사람들을 모아놓고 방귀를 뀌었지요.

“자 한번 들어보게나. 에잇 흠.” “할아버지 뱃속에 집을 지었지.”

마을 사람들은 깜짝 놀랐어요. “아니 정말 신기한 일이네”

마을 사람들은 신기한 구경거리를 시켜준 할아버지에게 돈을 주고 갔어요.

이 소문을 들은 욕심쟁이 할아버지도 숲속으로 갔어요.

“어디 이쯤이면 될까? 아-”

“안 되겠다 어디 그래 저기 참새새끼가 있구나.’

할아버지는 아기참새를 잡아 삼키고는 마을로 내려갔어요.

“자 어서들 돈들 내게 내가 아주 신기한 방귀소리를 들려줄테니.”

마을 사람들을 모아 돈을 받은 욕심쟁이 할아버지는 힘껏 방귀를 뀌었어요.

“끄응 끙. 피휴웅”

그러자 아주 지독한 방귀냄새가 퍼졌어요.

“아이고 이게 무슨 냄새야.”

“이렇게 지독한 방귀냄새는 생전 처음이야, 이 무슨 망칙한 짓이에요.”

“내 돈 내놔, 돈 내놓으라고.”

마을 사람들은 모두 화를 내고 가버렸지요.

“아이고 이게 어찌된 일이지? 아이고 냄새야. 이게 무슨 망신이람.”

욕심쟁이 할아버지는 너무도 창피해서 고개도 못 들고 집으로 돌아갔답니다.

할머니의 뜨개질

찬바람이 쌩쌩 부는 겨울이었어요.

할머니는 귀여운 고양이의 털모자를 짜기 위해, 서랍에서 털실을 꺼냈어요.

"고양아, 네 털모자를 예쁘게 짜주마."

"와! 할머니, 빨강 노랑 초록 털실이 너무 예뻐요."

할머니가 막 털모자를 짜려 할 때였어요.

창 밖에서 토끼의 울음소리가 들려왔어요.

"엉~엉~ 귀가 시려요."

"저런! 이 빨간 털실로 네 귀마개를 짜 줄게." 빨간 털실은 빙글빙글 돌고, 할머니의 뜨개질바늘은 척척 움직였어요.

잠시 후, 귀마개가 완성되자 토끼는 좋아서 깡총깡총 뛰었어요.

빨간 털실은 작아졌지만, 고양이도 기분이 좋았어요.

할머니가 다시 털모자를 짜려고 할 때, 너구리의 기침소리가 들려왔어요.

"콜록 콜록, 목이 아파요."

"저런! 이 노란 털실로 네 목도리를 짜 줄게." 노란 털실은 빙글빙글 돌아가고, 할머니의 손은 바쁘게 움직였어요.

목도리가 완성되자 너구리는 기뻐서 껑충껑충 뛰었지요.

노란 털실도 작아지자, 고양이는 은근히 걱정이 되었어요.

"자! 이번에는 정말로 네 모자를 짜 줄게."

할머니가 마지막 초록 털실을 들었을 때, 곰이 울먹이며 다가 왔어요.

"엉~엉~ 손이 시려요."

"저런! 이 초록 털실로 장갑을 짜 주마." 초록색 털실은 빙글빙글, 할머니의 뜨개질바늘도 착착 움직였어요.

털장갑이 완성되자, 곰은 좋아서 펄쩍펄쩍 뛰었어요.

초록 털실마저 작아지자, 고양이는 금방이라도 울음이 나올 것 같았어요.

"자! 이번에는 정말로 네 모자를 떠 줄게."

"하지만 이제 큰 털실은 하나도 없잖아요."

할머니는 웃으며 조금씩 남아 있는 빨강 노랑 초록의 털실을 모두 모아서 모자를 짜기 시작했어요.

빨간 털실, 노란 털실, 초록 털실이 빙글빙글 돌아가고, 할머니의 손이 빠르게 움직이더니 드디어 빨강, 노란, 초록의 예쁜 줄무늬 털모자가 완성되었어요.

"우와! 세상에서 제일 멋진 내 모자!" 고양이는 너무 행복해서 폴짝폴짝 뛰었어요.

눈물로 뭉친 참깨

어느 두메산골 작은 들에 축제가 열렸어요.

각종 채소와 열매들이 곱게 단장을 하고 열매 대회에 참가 했지요.

"빰빠라밤 빵 빵빠밤."

나팔소리가 울리자 수염이 긴 옥수수 할아버지가 대회의 시작을 알렸어요.

"자, 자 조용들 하세요. 지금부터 열매 대회를 시작하겠습니다. 모두들 자기의 멋과 모양을 마음껏 자랑해 보시기 바랍니다."

제일 먼저 호박 청년이 뒤뚱뒤뚱 걸어 나왔지요.

"열매 중 가장 크고 맛있는 호박입니다. 호박범벅, 호박 죽, 호박떡 사람들은 나를 아주 좋아하지요. 맛으로 보나 크기로 보나 제가 제일이지요."

다음은 볼이 빨개진 사과 아가씨가 인사를 했어요.

"안녕하세요? 새콤 달콤 사과입니다. 사과 같은 내 얼굴 예쁘기도 하지요. 눈도 반짝 코도 반짝 입도 반짝 반짝. 과일 중에서 제일 예쁘지요.

이번에는 배추 아줌마가 수다스럽게 말했어요.

"아이고 저는 두말 할 것도 없어요. 여러분 김치가 없으면 밥을 못 먹죠. 한국 사람은 뭐니뭐니 해도 김치가 있어야 한다구요. 라면에 김치가 없었더라면 무슨 맛으로 밥을 먹을까…. 노래도 있잖아요."

이번엔 무우가 말했어요. "여러분 무우가 얼마나 맛있는지 아시죠? 깍두기 담는 무요. 그리고 고기를 먹을 때 쌈무를 드시면 건강에도 최고라구요."

모두가 자기가 제일이라고 자랑을 했지요.

그런데 아직 대회에 참가하지 않은 참깨 가족이 있었어요.

"엄마, 나도 열매 대회에 나가고 싶어요."

"아가야, 안돼. 우린 작다고 창피만 당하고 돌아왔잖니."

"그래도 나가고 싶어요. 옆에서 말없이 계시던 할머니가 말씀하셨어요."

"몇 년 전에 내가 대회에 나갔을 땐 작다고 얼마나 놀리던지, 아 그때생각을 하면, 흑흑흑." 할머니참깨는 너무 속상해서 엉엉 울었지요.

그런데 이게 왠일이에요.

눈물로 흠뻑 젖은 할머니 참깨의 몸에 아기 참깨가 붙어 버린 게 아니겠어요.

아기를 떼어내려던 엄마 도 아빠도 할아버지도 모두 붙어버렸지요.

모두 한 덩어리가 된 참깨 가족은 무대로 올라갔어요.

"여러분, 우리는 비록 작고 보잘 것 없지만 불 속에 들어갔다 나오면 아주 고소해진답니다. 참기름, 깨소금 맛을 보셨나요. 우린 어디든지 들어가 더 좋은 맛을 낸답니다."

모두의 자랑이 끝나자 옥수수 할아버지는 땅을 땅땅 치셨어요.

"자자, 발표하겠습니다. 올해의 열매 상은 온 가족이 힘을 합한 눈물로 똘똘 뭉친 참깨 가족에게 드립니다." 참깨 가족은 기쁨의 눈물을 흘렸답니다.

소님의 고삐님

경상남도 울산에 어떤 아가씨가 살고 있었어요.

아가씨는 얼굴은 무척 예뻤지만 말씨가 아주 험했어요.

"야 엄마! 나 밥줘" 하며 웃어른에게 반말을 함부로 했지요.

어른들이 나무라면 '흥' 하고 콧방귀를 뀌었어요

"무슨 말을 하든 내 맘이야"

아가씨는 어느덧 스무 살이 되어 시집을 가게 되었어요.

시집가기 전날 밤 어머니는 아가씨에게 가르쳤어요.

"얘야, 말버릇을 고쳐야 한다. 지금처럼 말을 함부로 했다간 쫓겨날지도 몰라, 알았니"

아가씨도 알아들은 듯 고개를 끄덕였어요.

시집에서 쫓겨나기도 싫었고 어른들께 귀여움도 받고 싶었거든요.

아가씨는 그날부터 몰래 몰래 연습했어요.

그러나 갑자기 존댓말을 쓰는 것은 쉽진 않았어요.

"어머님, 진지 먹어!"

이런 식이었어요. 그러던 어느 날 시어머니와 한방에서 바느질 하고 있는데 사립문 사이로 밖에서 개 짖는 소리가 요란하게 들려 왔어요.

"얘, 아가 누가 온 모양이구나. 어서 나가봐라!"

아가씨가 밖으로 뛰어나갔다가 헐레벌떡 뛰어 들어왔어요.

그리고는 아주 공손하게 말씀 드렸어요.

"어머님, 소님이 놀래시어 고삐님을 빼시고 뛰시어서 개님이 놀래시어 짖으시옵나이다."

이 말을 듣고 시어머니는 너무 놀라서 뒤로 훌렁 넘어졌답니다.

수다쟁이 여우와 깃털

조용한 숲 속 마을이에요.

한가롭게 들풀들도 바람 따라 춤을 추고 동물 가족들도 평화롭게 놀고 있었지요.

그러던 어느 날 다람쥐가 달려와서 말했어요.

"여우 가족이 이사를 오고 있어요."

"우리 모두 도우러 가요" 토끼가 말했어요.

"찍 찍 나도 갈래요" 생쥐도 말했어요.

"꿀꿀 나도 도울 거예요" 돼지도 말했어요.

동물친구들은 모두 새 식구가 온다는 것에 기뻐했어요.

토끼와 생쥐는 단숨에 달려갔어요.

먼저 토끼가 인사했지요.

"여우님 안녕하세요? 우리 마을에 오신 걸 환영해요"

"어머! 토끼구나 어쩜 너는 앞니가 톡 튀어 나온 게 아주 이상한 걸! 정말 우스워"

여우의 말에 토끼는 깜짝 놀라 눈이 빨개지고 동그랗게 되어 버렸어요.

"헤헤 찍찍 찍 안녕하세요? 난 우리 마을에 가장 귀염둥이 쥐돌이예요

뭐를 도와드릴까요?

쥐돌이도 말했어요.

그러자 토끼는 깔깔 웃으며 말했지요.

"호호호 저런, 너같이 쬐끄만 게 뭘 할 수 있겠니? 어쩜 눈도 저렇게 작아서야 이 넓은 숲이 제대로 보이기나 할까?"

여우의 말에 쥐돌이는 더욱 작아지는 것 같았어요.

"꿀꿀 꿀 여우님 반가워요. 저는 앞니도 튀어나오지도 않고 그리고 작지도 않아요. 그리고 힘도 아주 세요 뭘 좀 도와드릴까요?"

그 말에 여우는 돼지를 이리저리 살피더니 더 입을 비죽이며 말했어요.

"쯧쯧 세상에 어쩌면 좋아 살을 빼야겠어. 살이 쪄서 뒤뚱뒤뚱, 거기다가 코는 도대체 어디 있는 거야?"

여우의 말에 동물들은 도와주지도 못하고 힘없이 돌아왔어요.

여우가 이사를 온 후로 숲속 마을은 시끄러워지기 시작했어요.

"글쎄 까마귀는 까만 옷을 입고 있어서 마음도 까만 마음을 가졌대요"

"맞아요" "아니에요, 난 겉모습은 까맣지만 마음은 그렇지 않다구요"

"박쥐는 거짓말을 잘해서 밤에만 다닌다지 뭐예요" "정말요 역시 믿으면 안 돼요"

평화로웠던 숲 속 마을이 말을 함부로 하는 여우 때문에 싸움이 끊이지 않는 걸 보고 나이 많은 사자가 이 버릇을 고쳐야겠다고 생각하고 여우를 찾아갔어요.

그랬더니 오히려 화를 내며

"그게 무슨 소리에요? 내가 도대체 무얼 잘못했다는 거예요. 내가 말하면 얼마나 좋아들 하며 재미있어 하는데요!"

여우는 조금도 잘못했다는 기색이 없었어요. 사자는 깃털이든 자루를 주며 말했어요.

"이 자루 속에 들어있는 깃털을 저길 끝까지 뿌리고 가시오 그리고 돌아올 때 그 깃털을 다시 자루에 담아 가지고 돌아오면 크나큰 상금을 주겠소"

"그래요? 알았어요. 하고 말고요"

여우는 자루 속의 깃털을 뿌리면서 걸어갔지요. 노래도 부르면서 말이죠.

다 뿌린 여우는 다시 주워담으며 되돌아오기 시작했어요.

그런데 이게 왠 일예요.

깃털을 향해 다가가기만 하면 날아가고 다가가면 날아가고 여우는 지치기 시작했지요.

여우는 겨우 깃털 몇 개만 담아가지고 돌아왔어요.

"길가에 버린 깃털을 다시 담아보니 얼마나 어렵소. 말도 마찬가지요.
입에서 한번 나온 말은 깃털과 같이 가벼워서 잘못 말하면 바람에 날려 여기 저기 떠도는 소문이 되는 것이고 다시 찾을 수도 없는 것이라오"
사자의 말에 여우는 눈물을 흘리며 숲 속 동물들에게 사과를 했답니다.

집을 팝니다

〈등장인물〉 해설, 바둑이, 오리, 돼지, 하마, 고양이

해설 : 어느 마을에 바둑이가 살았어요. 그런데 바둑이는 그 집에서 너무 오래 살았기 때문에 집을 팔기로 했지요. 그래서 집 앞에 『집을 팝니다.』라는 팻말을 붙이고 집을 팔기 시작했어요.

바둑이 : 집을 팝니다. 집을 팔아요!

오리 : "꽥꽥 그런데 이 집은 지붕이 왜 이렇게 더러워요. 지붕이 낡아서 안되겠어요."

(지붕에 빨간색 붙이고)

바둑이 : "집을 팝니다. 집을 팔아요. 빨간 지붕이 있는 집을 팝니다!"

돼지 : "지붕은 빨갛고 예쁜데, 왜 이 집은 창문이 없지? 창문이 없어서 안 되겠어요!"

(창문 붙이기)

해설 : 오리도 돼지도 그냥 돌아갔어요. 그래서 바둑이는 창문 만들고 집을 팔았어요.

바둑이 : "집을 팝니다. 집을 팔아요. 빨간 지붕 이 있고 창문도 있는 집을 팝니다."

하마 : "어머나 참 예쁘군요. 그런데 집에 꽃밭이 있다면 참 좋겠는데·······."

"꽃밭이 없어서 안 되겠어요."

(바둑이가 꽃밭 꾸미기)

바둑이 :"집을 팝니다. 집을 팔아요! 빨간 지붕에 창문도 있고 꽃밭도 있는 집을 팝니다.!"

고양이: "어머, 정말 예쁜 집이군요, 그런데 울타리가 없네요. 아유 울타리가 없어서 안 되겠어요."

해설 : 하마와 고양이도 그냥 돌아갔어요. 바둑이는 울타리도 멋지게 만들고 집을 팔기 시 작했어요.

(바둑이 울타리 붙이기)

바둑이: "집을 팝니다. 집을 팔아요! 빨간 지붕에 창문도 있고 꽃밭도 있고 울타리도 있는 집을 팝니다."

(모두 달려 나와서)

오리 : "내가 이 집을 사겠어요."

돼지 : "내가 사겠어요."

하마 :내가 살래요!

고양이 :"아니에요 내가 살래요."

바둑이 : "이 집은 안 팔 거예요. 내가 그냥 살 거예요."

여러분 멋진 우리 집에 매일매일 놀러 오세요!

해설 : 바둑이는 그 집에서 오래오래 행복하게 살았답니다.

꽃게와 두꺼비

어느 날 바닷가 에서 꽃게와 두꺼비가 만났어요.

"참 이상하게 생겼네, 다리가 열 개나 있잖아."

두꺼비는 코를 벌름거리며 꽃게를 이리저리 살펴보았어요.

"바닷가에 이런 동물이 있었나? 등이 올록볼록한 게 이런 동물은 처음 보겠는 걸…"

꽃게도 고개를 갸우뚱 거렸어요.

그때 갑자기 두꺼비가 입맛을 쩝쩝 다셨어요.

"난 소풍 나온 왕 두꺼비다, 다리가 많으니까 맛도 더 있겠지."

"에고고!"

꽃게는 옆으로 옆으로 도망치다 바위에 탁 부딪치고 말았어요.

"꼼짝 마! 널 삶아 먹겠다."

꽃게는 무서웠지만 정신을 바짝 차렸어요.

"삶아? 그럼 난 빨간 옷을 입겠네, 빨간 옷도 좋지, 삶아 봐! 삶아 봐!"

"어! 진짜 겁이 없네, 어떡하면 좋지."

그때 꽃게가 먼 산을 바라보며 중얼거렸어요.

"난 시퍼런 바닷물 말고는 다 괜찮은데, 바보 같은 두꺼비가 알 리가 있겠어."

"뭐? 바닷물…… 그래! 혼 좀 나봐라!"

"에잇!"

두꺼비는 꽃게를 바다로 휙 던져버렸어요.

"꽃게야 무섭지. 그러자 이게 웬일인가요?"

잠시 후 꽃게가 고개를 쏙 내밀지 않겠어요.

"야! 이 멍청한 두꺼비야, 난 원래 바닷물에 산다구, 힘만 세면 다냐"

"어? 내가 속았잖아."

두꺼비는 멀리서 멀뚱멀뚱 보고만 있었대요.

강아지 똥

돌이네 흰둥이가 똥을 눴어요.

골목길 담 밑 구석 쪽이에요.

흰둥이는 조그만 강아지니까

강아지 똥이에요.

날아가던 참새 한 마리가 보더니 강아지 똥 곁에 내려앉아 콕콕 쪼면서 "똥! 똥! 에그, 더러워...."

하면서 날아가 버렸어요.

"뭐야! 내가 똥이라고 더럽다고?"

강아지 똥은 화도 나고 서러워서 눈물이 나왔어요.

바로 저만치 소달구지 바퀴 자국에서 뒹굴고 있던 흙덩이가 곁눈질로 흘끔 쳐다보고 빙긋 웃었어요.

"뭣 땜에 웃니, 넌?"

강아지 똥이 화가 나서 대들 듯이 물었어요.

"똥을 똥이라 않고 그럼 뭐라 부르니? 넌 똥 중에서도 가장 더러운 개똥이야!"

강아지 똥은 그만 "으앙!" 울음을 터뜨려 버렸어요.

한참이 지났어요.

"강아지 똥아, 내가 잘못했어. 그만, 울지 마."

흙덩이가 정답게 강아지 똥을 달래었어요. "....."

"정말은 내가 너보다 더 흉측하고 더러울지 몰라..."

흙덩이가 얘기를 시작하자, 강아지 똥도 어느 새 울음을 그치고 귀를 기울였어요.

"....본래 나는 저어 쪽 산비탈 밭에서 곡식도 가꾸고 채소도 키웠지. 여름엔 보랏빛 하얀 빛 감자 꽃도 피우고...."

"그런데 왜 여기 와서 뒹굴고 있니?"

강아지 똥이 물었어요.

"내가 아주 나쁜 짓을 했거든. 지난 여름, 비가 내리지 않고 가뭄이 무척 심했지. 그 때 내가 키우던 아기 고추를 끝까지 살리지 못하고 죽게 해 버렸단다."

"어머나! 가여워라."

"그래서 이렇게 벌을 받아 달구지에 실려오다가 떨어진 거야. 난 이젠 끝장이야."

그때 저쪽에서 소달구지가 덜컹거리며 오더니 갑자기 멈추었어요.

"아니 ,이건 우리밭 흙이잖아? 어제 싣고 오다가 떨어뜨린 모양이군. 도로 밭에다 갖다 놓아야지."

소달구지 아저씨는 흙덩이를 소중하게 주워 담았어요.

소달구지가 흙덩이를 싣고 가 버리자 강아지똥 혼자 남았어요.

"난 더러운 똥인데, 어떻게 착하게 살 수 있을까? 아무짝에도 쓸 수 없을 텐데..."

강아지 똥은 쓸쓸하게 중얼거렸어요.

겨울이 가고 봄이 왔어요.

어미 닭 한 마리가 병아리 열두 마리를 데리고 지나다가 강아지 똥을 들여다봤어요.

"암만 봐도 먹을 만한 건 아무것도 없어. 모두 찌꺼기뿐이야."

어미 닭이 고개를 절레절레 흔들며 그냥 가 버렸어요.

보슬보슬 봄비가 내렸어요.

강아지 똥 앞에 파란 민들레 싹이 돋아났어요.

"너는 뭐니?"

강아지 똥이 물었어요.

"난 예쁜 꽃을 피우는 민들레야."

"얼마만큼 예쁘니 하늘의 별만큼 고우니?"

"그래, 방실방실 빛나."

"어떻게 그렇게 예쁜 꽃을 피우니?"

"그건 하느님이 비를 내려 주시고, 따뜻한 햇볕을 쬐어 주시기 때문이야."

"그래 애... 그렇구나..."

강아지 똥은 민들레가 부러워 한숨이 나왔어요.

"그런데 한 가지 꼭 필요한 게 있어"

민들레가 말하면서 강아지 똥을 봤어요.

"...."

"네가 거름이 돼 줘야 한단다."

"내가 거름이 되다니?"

"네 몸뚱이를 고스란히 녹여 내 몸 속으로 들어와야 해. 그래야만 별처럼 고운 꽃이 핀단다."

"어머나! 그러니 정말 그러니?"

강아지 똥은 얼마나 기뻤던지 민들레 싹을 힘껏 껴안아 버렸어요.

비는 사흘 동안 내렸어요.

강아지 똥은 온 몸이 비에 맞아 자디잘게 부서졌어요....

부서진 채 땅 속으로 스며들어가 민들레 뿌리로 모여들었어요.

줄기를 타고 올라가 꽃봉오리를 맺었어요.

봄이 한창인 어느 날, 민들레 싹은 한 송이 아름다운 꽃을 피웠어요.

향긋한 꽃 냄새가 바람을 타고 퍼져 나갔어요.

방긋방긋 웃는 꽃송이엔 귀여운 강아지 똥의 눈물겨운 사랑이 가득 어려 있었어요.

청돌이의 마음

옛날 옛날에 무슨 말이든지 반대로만 하는 개구리 청돌이가 있었어요.

동쪽으로 가라 하면 서쪽으로 가고 서쪽으로 가라 하면 동쪽으로 갔지요.

엄마 : 청돌아 청돌아~ ~ ~ ~

아니 우리 청돌이가 어디로 갔지? 청돌아~ ~ ~

청돌이 : 내 엄마 저 여기 있어요. 왜 그러세요.

엄마 : 자 오늘 엄마랑 개굴 공부하자. 개구리는 뭐니 뭐니 해도 개굴 공부를 잘 해야 훌륭한 개구리가 되는 거란다.

청돌이 : 아이 하기 싫은데!

엄마 : 자! 따라해 봐라. 개굴개굴

청돌이 : 굴개 굴개

엄마 : 아니 얘가! 다시 따라해 봐라 개굴 개굴

청돌이 : 굴개 굴개

엄마 : 아이구 정말 큰일이네! 여기 있는 친구들은 어떻게 하는지 잘 보렴!

친구들! ~ 친구들은 잘할 수 있나요?

자 그럼 한번 따라해 보세요. 개굴 개굴(아이들 개굴개굴) 아이 너무 잘 했어요.

청돌이 너도 다시 따라해 봐라.

청돌이 : 알았어요.

엄마 : 개굴 개굴

청돌이 : 굴개 굴개

엄마 : 너 자꾸만 장난을 하면 연못에 못 나가게 한다!

청돌이 : 알았어요. 진짜 잘 할게요.

엄마 : 개굴 개굴

청돌이 : 굴개 아니 아니 개굴 개굴

엄마 : 어머나 우리 청돌이 잘 했죠! 박수 한번 보내주세요

청돌이 : 참 엄마 오는 외할머니댁에 가신다고 했잖아요.

엄마 : 맞구나. 엄마 다녀올 동안 너 연못에서만 놀고 절대로 뱀골에 가서는 안된다.

청돌이 : 알았어요. 절대로 뱀골에 가지 않을 거예요.

엄마 : 꼭 약속지켜야 해

청돌이 : 다녀오세요(엄마 퇴장).

아이 심심해 뱀골에 한번 가볼까(퇴장했다가 다시등장)

아이 상쾌해. 이렇게 좋은데 엄마는 왜 뱀골에 가지 말라고 하는 거지?

해설 : 그때 저쪽에서 시익 소리가 나더니 뱀이 나타났어요.

뱀 : 아이고 배고파라 어디 먹을 게 없을까 어디서 맛있는 개구리 냄새가 나는데, 아니 저기 통통 살찐 개구리가 있네 너 꼼짝마라.

청돌이 : 어어 뱀이다 살려주세요(쫓기는 상황 연출).

뱀 : 거기 서라니까

청돌이 : 살려주세요(뱀, 청돌이 퇴장)

엄마 : 청돌아~ 얘가 어딜 갔지? 여러분 우리 청돌이 봤어요?(뱀골에 갔어요)

뭐라구요? 뱀골에 갔다구요? 아니 큰일 났네! 청돌아~~

뱀 : 아니 요 쬐끄만 게 어디로 갔지?

엄마 : 이 못된 뱀같으니구 우리 청돌이 어딨어? 에잇 에잇

뱀 : 아이고 아이고 도망가야겠다.

엄마 : 청돌아!

청돌이 : 엄마 저 여기 있어요.

엄마 : 청돌아 다행이구나 청돌아

청돌이 : 엄마 잘못했어요. 이제는 엄마말 잘 듣는 청돌이가 될 거예요.

엄마 : 암 그래야지. 청돌아

청돌이 : 엄마 사랑해요

****해설** : 그 뒤로 청돌이는 엄마 말을 잘 듣는 착한 청돌이가 되었데요.

피자(패널 시어터)

어느 날 농부아저씨가 밭에 씨를 뿌렸어요.

"씨씨씨를 뿌리고~"

"씨앗들이 잘 자라야 할텐데"

농부아저씨는 씨를 뿌리고 집으로 가셨지요!

따뜻한 어느 봄날.

쏘옥~ 무엇일까요? 양파, 피망, 감자, 토마토.......(다른 야채 모두 등장)

양파가 말했어요. "난 수염도 있고 너무 못생겼어"

그러자 토마토가 "아니야 넌 껍질을 까면 속살이 얼마나 예쁜데! 감자도 말했어요. 나도 울퉁불퉁 하고 정말 못생겨서 내가 싫어"

"아니야 너도 얼마나 영양가가 많은데!"

토마토는 모두를 위로해 주었어요.

농부아저씨가 밭으로 나오셨어요.

"아니 이렇게 많은 열매가 맺다니!"

이걸 가지고 뭘 하면 좋을까? 옳지 요리사 아저씨를 불러야겠다.

"여러분 다함께 불러주세요" "요리사 아저씨"~

"나는야 요리사 왜 날 불렀나요"

"요리사 아저씨 여기 있는 야채들을 가지고 맛있는 요리를 부탁해요"(농부퇴장)

음~ 여러분 이걸 가지고 무얼 만들까요?

그래요 피자! 다함께 노래를 불러볼까요? "밀가루 밀가루 주물러 주물러~"

피자를 만들려면 가스렌지를 넣고(불은 속에 감추어두고)

냄비를 올리고 밀가루 깔고, 양파 넣고, 피망 넣고(쭉 다 넣은 후) 치즈 넣고 뚜껑을 닫고(뚜껑속에 피자 넣고)

지글지글짝짝 보글보글짝짝~

뚜껑을 열어볼까요?

(김나오는 패널 쭉 펼치고)

나는야 피자다~

친구들 맛있는 피자를 만들어 주신 요리사 아저씨께 박수~

여러분 감사해요 안녕

쉿! 비밀이야

아기고양이 삼남매가 오순도순 행복하게 살고 있었어요. 어느 날 고양이 삼남매는 예쁘게 옷을 입고 밖으로 나갔지요. 어디를 가는 걸까요? 한번 따라가 볼까요?

첫째 고양이는 들판을 지나 음~메 양에게로 갔어요.

"양아 안녕?" 양: 안~~~녕(양소리)

"너의 따뜻한 털을 나에게 좀 나눠주겠니?" 양 : 어디다 쓸건데

"쉿! 비밀이야" 양 : "알았어~~가지고 가"

양은 자기의 털을 고양이에게 나누어 주었어요. "고마워"

아기고양이는 얼른 자기의 집으로 돌아왔어요. 아기고양이에게 털을 나눠준 양은 아기고양이가 털을 어디에 쓸지 몹시 궁금했어요. 그래서 자기도 아기고양이를 따라 몰래 아기고양이 집까지 오게 되었어요.

둘째 고양이도 들판을 지나 곰을 찾아 갔어요.

"곰아 안녕?" 곰: "안녕~~?"

"나에게 꿀을 나눠줄 수 있겠니?"

곰 : "어디다 쓸 건데?"

"쉿! 비밀이야" 곰 : "알았어"

마음씨 좋은 곰도 아기고양이에게 꿀을 나누어 주었어요.

꿀을 받아든 아기고양이도 얼른 자기의 집으로 돌아왔어요. 아기고양이에게 꿀을 나눠준 곰도 아기고양이가 꿀을 어디에 쓰는지 몹시 궁금했지요. 그래서 아기고양이 뒤를 따라 몰래 아기고양이 집까지 오게 되었어요.

셋째 고양이도 집을 나서서 들판을 지나서 숲속 저~안에서 꽃다발을 만들고 있는 토끼를 만났어요.

"토끼야 안녕"

토끼 : "안녕"

"나에게 꽃을 좀 나눠줄 수 있겠니"

토끼 : "어디다 쓸건데"

"쉿? 비밀이야"

토끼 : "알았어. 가지고 가"

토끼도 아기고양이에게 예쁜 꽃을 나눠주었어요.

"고마워. 정말 고마워"

꽃을 받아든 아기고양이도 얼른 자기의 집으로 돌아왔어요.

아기고양이에게 꽃을 나눠준 토끼도 아기고양이가 꽃을 어디다 쓸지 몹시 궁금했어요.

그래서 몰래 아기고양이의 뒤를 따라 아기고양이의 집까지 오게 되었어요.

자~양털과 꿀과 꽃을 받아든 아기고양이들이 어디다 쓰려는 걸까요

같이 한번 보실까요? 집을 뗀다)

아하~!!!! 아기고양이의 엄마가 어디 아픈가 봐요. 침대에 누워있네요

"엄마! 춥지 않으세요~? 여기 따뜻한 양털이불 가지고 왔어요. 많이 덮으세요"

엄마 : "(콜록거리며)아~유 따뜻하구나"

"엄마! 나는요 꿀을 가지고 왔어요. 많이 먹고 빨리 나으세요"

"엄마! 엄마!(애기목소리) 여기 꽃을 가져 왔어요. 예쁜 꽃보고 빨리 나으세요"

엄마: "(콜록거리며)고맙구나~ 감기가 금방 낫겠는걸? 콜록 콜록"

문틈으로 살며시 보고 있던 양, 곰, 토끼는 그제야 고개를 끄덕였데요.

아마도 아기고양이에게 선물을 받은 엄마 고양이는 아마도 빨리 나으실 거예요.

할아버지의 연

아침 일찍부터 어머니께서는 집안 구석구석을 청소하시느라 무척 바쁘셨어요.

오늘은 시골에 계신 할아버지께서 오시는 날이거든요.

"엄마, 물주세요" "냉장고 안에 있잖니!"

"가방은요?" "아니 민철아 오늘 할아버지 오신다고 엄마가 바쁘잖니, 그리고 유치원 마치고 빨리와 할아버지 마중가야 하니까."

"다녀오겠습니다." 민철이는 어머니 말씀에 대답도안하고 문을 쾅 닫아 버렸어요.

"할아버지 할아버지. 엄마는 할아버지밖에 몰라. 엄마는 나보다 할아버지가 더 좋은가봐 세상에서 나를 제일 사랑한다고 해놓고…"

집으로 돌아온 민철이는 어머니와 함께 할아버지를 마중 나갔지요.

"어이구 ! 우리 민철이 이렇게 마이 컸나."

"할아버지 안녕하셨어요.?" 민철이는 겨우 모기만한 소리로 인사를 했어요.

오늘 저녁식탁에는 온통 민철이가 싫어하는 반찬뿐이에요.

"다른 날 같으면 엄마는 내가 좋아하는 반찬을 많이 해 주셨을텐데 오늘은 할아버지가 좋아하는 반찬뿐이네!"

엄마가 놀아주지 않는 것도 맛있는 반찬이 없는 것도 다 할아버지 때문이라는 생각이 들었어요. 다음날 유치원을 마치고 친구랑 집으로 돌아오는 길에 길에서 할아버지를 만났어요. "민철이 아이가."

큰 키에 손등은 거칠고 거뭇하며 두 볼이 쏙들어간 할아버지의 모습이 . 그리고 할아버지의 이상한 말씨가 너무 부끄러웠어요.

"누구니?" "몰라 모르는 사람이야. 우리 집까지 뛰어갈래?"

"그래 좋아." 민철이는 할아버지를 모른체 하며 집까지 뛰어갔어요.

"민철아 같이 가재이." 등 뒤에서 들리는 할아버지의 목소리가 달려가는 민철이의 마음을 자꾸만 슬프게 만들었어요.

집으로 돌아온 민철이는 할아버지께 야단을 맞을까봐 방에 숨어 있었지요.

"민철이 왔나?" "예 아버님." 금방이라도 어머니께서 매를 들고 방으로 들어오실 것만 같았어요. "아버님, 뭐하세요.?" "내하도 심심해서 민철이 줄라꼬 연을 안 만드나."

'연! 연이라고' 민철이는 연이라는 말에 살짝 문을 열어보았어요.

"민철이는 참 좋겠내 할아버지께서 연을 만들어 주신다는구나."

조심조심 할아버지 옆에 와서 앉았어요.

할아버지는 민철이를 보시며 빙그레 웃으셨어요.

"이게 방패연이대이. 창호지를 내모나게 자리고, 가운데를 동그랗게 오리는기라 그라고 대나무로 살을 만들고 실로 묶는기다. 요렇게 실이 감겨있는 거는 얼레라고 하는 기대이."

할아버지는 금방 멋진 연을 하나 만드셨어요.

"민철아 우리 연 날리러 가볼까?"

스르르 얼레에 감긴 연줄이 풀려 나가면서 할아버지의 방패연이 하늘높이 올라갔어요.

"와! 멋지다." 여기저기서 아이들이 모여들었어요.

"니도 한번 해봐라." 얼레를 쥔 민철이의 손은 마치 요술쟁이처럼 감겨졌다 풀어졌다.

했어요. "야 신난다. 나도 한번 해보자." "나도" "나도" 아이들의 고함소리와 박수소리에 민철이는 우쭐해졌어요. "할아버지 죄송해요 민철이는요 이렇게 멋진 연을 만들어주신 할아버지가 너무 자랑스러워요. 할아버지 사랑해요."

이런 민철이의 마을을 아는지 방패연은 하늘 끝까지 올라가는 것 같았어요.

아이들의 고함소리와 박수소리도 함께 말이에요.

동화구연은 말하듯이 자연스럽게 하는 것이며 다른 이의 흉내를 내는 것은 독창성이 없다. 자신에게 알맞은 음성과 제스추어로 감동있게 전달하도록 훈련해야 한다.

제 5 장 가야의 이야기

〈가야의 이야기 모음〉

이번 장에서는 김해 가야의 이야기를 실어보았다.

가야는 당시 가장 높은 가치를 지닌 철 생산기술을 바탕으로 신라, 백제는 물론 중국, 일본의 여러 나라와 교류하였다.

이에 관한 역사적 증거도 개발하는 과정에서 유물들이 출토되는 과정에서 알 수 있고 당시 가야인 들의 생활풍속이나 매장관습, 가야의 문화 등을 추측해 볼 수 있는데 이러한 유적이나 유물들을 토대로 이야기를 만들어 좀더 가야의 역사를 쉽게 알고 접근할 수 있는 이야기들이 있어 박경용 선생님의 배려로 이 책에 실게 되었다.

많은 사람들이 동화를 구연하는데 있어서 여러 장르가 있다.

세계 명작, 전래 동화, 생활 동화 등 다양하지만 정작 자기가 살고 있는 지역의 역사나 설화 등을 구연하는 것은 드물다.

여기서도 작품이 우리가 그동안 접하던 내용과는 많이 다른데다 문맥도 어렵고 단어들도 생소하다.

그렇기 때문에 동화구연에 입문한 동화구연가들은 이 내용을 읽고 각색을 하는 것이 먼저일 것이다.

누가 구연을 할 것인지에 따라 형식적 각색, 내용적 각색을 하여 좀더 많은 사람들이 가야의 이야기를 구연하기를 바란다.

앞으로 이 지역에서 자라나는 아이들이 자신이 살고 있는 지역의 이야기를 동화로써 쉽게 이해하고 내용을 입으로 구연하여 더욱 친근해지고 역사를 쉽게 놀이로써 알아간다면 좋을 것이다.

조만간에 가야의 이야기 동화구연 대회도 계획하고 있으며 좀더 많은 작가 선생님들의 작품이 나와지기도 기대하고 있다.

가야 명궁 삼돌이

(최초의 해전 포상 팔국난)

박경용

가야 거등왕 때 궁궐에서 30여리 떨어진 무척산 중턱 마을에 삼돌이란 청년이 살았다.

홀어머니를 모시고 사는 삼돌이는 집은 가난하였으나 성품이 매우 착한 청년이었다.

활솜씨가 좋아 부근에서 최고의 궁수라는 평을 받았다.

삼돌이는 짐승을 잡아서 생계를 이어갔지만 산 생명을 죽인다는 게 늘 마음에 걸리었다.

하지만 가난한 처지인 삼돌이는 살아가기 위해 어쩔 수 없었다.

거기다가 앞날을 약속한 사랑하는 아랫마을 분순이가 있었는데 어서 혼사 준비도 해야 하는 처지였다.

짐승을 잡고 나서는 "미안하다 좋은 대로 가거라" 하는 기도도 빠지지 않았다.

삼돌이는 그날도 여느 때처럼 산속으로 사냥을 나갔다.

정상부근 천지못 부근에서 멧돼지 한마리가 숲을 지나가는 게 아닌가.

재빨리 화살을 장진 하기위해 활통의 화살을 빼려했으나 하나도 없었다.

'어! 화살이 없네 분명히 채워서 갖고 왔는데.......'

그때 저쪽에서 인기척이 나서 돌아보았는데 백발을 한 할아버지가 웃으며서 있었다.

"어르신이 내 화살을 가져갔군요"

"허허 그래 ... 좋아 그럼 화살을 돌려줄 터이니 백보 떨어진 곳에서 나의 머리카락을 쏘아보거라. 맞히면 내 비록 나이 많은 늙은이지만 자네를 나의 스승으로 모시겠네."

"어르신을 쏘아라고요? 저는 그렇게는 못합니다. 저가 짐승을 쏘는데도 마음이 편치 않은데 사람에게 활을 쏘다니요."

받은 화살을 통에 다시 넣고는 할아버지에게 절을 하고 돌아가려 했다.

"잠깐만 기다리게" 백발노인은 삼돌이를 다시 부르며 새로운 제안을 하였다.

"젊은이가 나를 쏘지 않겠다면 이 도토리 열매를 쏘아보게"

삼돌이에게는 그런 것쯤은 어려운 일이 아니었다.

'이 노인에게 나의 실력을 보여 주어야지' 하며 활을 들었다.

명중이었다.

의기양양해 하는 삼돌이에게 노인은 또 제안을 하였다.

도토리 3개를 주면서 한 뼘씩 간격을 두고 백보 앞에서 두 번을 쏘아 3개를 같이 붙여보라는 것이었다.

"아니 그게 어떻게 가능하단 말입니까" 노인은 허허 웃으며 "그래 자네가 못하겠다면 내가 해볼까"

하며 삼돌이의 활을 빌려 2번을 쏘았다.

신기하게도 도토리 3개가 나란히 붙여진 게 아닌가.

노인의 실력에 감탄한 삼돌이는 무릎을 꿇고 머리를 숙였다.

"어르신 부디 저를 제자로 받아주십시오."

노인은 수염을 쓰다듬으며 인자하게 웃었다.

노인은 말했다 "사실은 자네가 활을 잘 쏜다는 이야기를 듣고 일직부터 나의 제자로 삼으려 했다네. 보아하니 살생을 예사로 하지 않는 마음가짐과 웃사람에 대한 예의를 갖추는 걸 보니 나의 제자로 삼을만 하도다."

드디어 삼돌이는 노인의 제자가 되었다.

스승은 말했다

"자네의 명중도는 조금만 더 노력하면 되겠고 집중해야 할게 사정거리의 확장이네, 더 먼 곳의 목표물을 맞히는 수련이 필요해 무예의 길이란 형극의 길임을 명심하게"

과연 쉬운 일이 아니었지만 각고의 노력을 하였다.

한편 결혼을 약속한 분순에게는 어떻게 말할까를 고민했다

3년만 더 기다려 달라는 부탁을 하였다.

삼돌이를 사랑하고 있는 분순은 삼돌의 마음을 읽고 기다리겠다고 약속하였다.

약속해 주는 분순이가 너무나 고마웠다.

삼돌이는 더우면 천지못에서 목욕을 하고 잠시 쉬었다가는 신들린 듯이 배우고 연습했다.

삼돌이는 신기에 가까운 실력의 소유자가 되었다.

달밤에도 활을 쏘아 엄청 먼 거리에 있는 목표물을 명중시켰다.

가히 신궁의 경지가 되었던 것이다.

드디어 어느 날 밤 천지못 아래 폭포에서 노인은 삼돌이를 불러 앉히고 "이제 자네에게 나의 기술을 모두 전수하였노라 그러니 앞으로는 나를 찾지 말게" 하며 홀연히 사라졌다

"스승님! 스승님!" 하고 불렀으나 아무 응답이 없어 허공만 바라보았다.

폭포물은 쏟아지고 밤하늘의 별빛만이 총총하였다.

삼돌이는 마을로 내려왔다

삼돌은 분순이를 만나 뜨거운 포옹을 하며 결혼식을 올리자고 하였다.

그러나 이를 어쩌랴 전쟁이 일어난 것이다.

그 당시의 가야의 거등왕은 왕자 선(仙)을 일본 북 규슈에 보내어 그 일대를 정복하여 가야계 왕국을 수립하였는데 남해안 일대에서 포상 팔국난이 일어난 것이다.

국력이 커가던 가야에 제동이 걸린 셈이다.

김해를 중심한 가야의 해상 독점권에 반기를 든 다른 해안 지방 세력이 연합하여 일으킨 반란으로 우리나라 역사상 최초로 벌어진 해상전이다.

전투에 필요한 젊은이를 모았다.

삼돌이도 나라의 부름을 받고 출전하였음은 물론이다.

분순이는 삼돌이가 살아서 돌아오기를 새벽마다 정화수를 떠놓고 빌었다.

드디어 가야 제일의 명궁수 삼돌이는 주변사람들의 권유대로 궁수의 임무를 맡았다.

삼돌이가 배치된 배는 사기가 충천했다.

그러나 신궁 삼돌이는 마음이 편하지 않았다.

나의 화살로 사람을 쏘아야 하다니...

하지만 어쩌랴 나라와 백성을 구하고 사랑하는 분순이와 결혼도 해야 하는 일이기에....

삼돌이는 가능한 적은 숫자를 죽이고 이기는 방법이 무얼까를 고심했다.

적의 배에 불 달린 화살을 적선에 쏘는 방법도 있었지만 적군의 장수에 활을 쏘는 것이 좋은 방법이라 판단했다.

사정거리가 넘은 적의 배쪽에서 지휘하는 장수나 지휘관을 골라 명중시켰다.

그 파장은 엄청났다.

군사들은 환호성을 올렸다.

드디어 전쟁은 생각보다 단기간에 끝이 났고 삼돌이는 궁중에 불려가 상을 받고 가야의 장수로 임명되었다.

어머니와 분순이는 기쁨의 눈물을 흘렸다.

그런데 문제가 일어난 것이다.

가야 조정의 실권을 가진 신하가 자기의 따님과 결혼시켜 사위로 삼으려 한 것이다.

그러나 삼돌은 분순이와의 언약을 지키기 위해 사정을 말하고 간곡히 거절하였다.

그 과정에서 많은 어려움이 있었고 실권을 가진 신하는 기분이 언짢았지만 어쩔 수 없었다.

그 신하는 삼돌 장군이 가야조정에서 자주 접하는 것이 매우 불편하였다.

신하는 왕에게 영향력을 미쳐 북 규슈 가야계왕국과 협의하여 삼돌 장군을 그곳으로 보내어 군대를 강화시키는 역할을 맡도록 하였다.

그 당시 규슈북부 이또시마 반도일대와 동남부 히무까(휴가)지방에 가야인들이 집단 진출하여 정착, 기비지방 혼슈의 각지와 시꼬구에도 진출한 것이다.

이로서 가야의 지명을 딴 가야산(365m) 가라(加羅)마을 가후라(可布羅)해안 등이 남아 있다.

삼돌 장군은 분순이와 결혼식을 올리고 어머니와 함께 북 규슈로 가서 그곳에 중견책임자로 부임하였다.

삼돌 장군은 그곳의 군대를 강화하는 등 큰 역할을 하였다고 한다.

남도지방에 위치한 이곳 대부분의 사람들은 가야가 생기기 전 구야국 시절에도 활을 잘 쏘고 술과 노래 춤을 즐기는 성품을 가졌음을 동이전에는 전하고 있다.

제철 기술사 김도령

가야를 대표하는 철정을 만들어내는 김씨 집안에서는 갑자기 먹구름이 덮였다.

최고기술자인 큰아들 김도령이 어젯밤 누구엔가 납치당해 갔기 때문이다.

소식을 들은 조정에서도 긴장하였다.

김도령은 가야 최고 제철 기술자였기 때문이다.

철광석에서 철을 분리하는 법과 철의 강도를 높이는 아주 중요한 기술을 개발한 장본인이기도 하다.

김도령의 집안은 김수로의 친척으로서 철기술에만 매달려 온 수로족이었다.

만든 제품들은 농기구로 가야의 농업 생산을 높였을 뿐만 아니라 수출로 국가를 부강하게 하는 큰 역할을 했었다.

그런 가운데 그의 기술을 빼내기 위해 붙잡아가려는 세력이 있었다.

어느 날 늦게 집으로 가는 도중 괴한들에게 붙잡혀 갔다.

김씨 집안에서는 어찌할 바를 몰랐다.

조정에서도 사태의 심각성을 알고 적극 나서기로 한 것이다.

드디어 방을 붙였다.

김도령을 찾아오는 자에게는 크나큰 상금과 벼슬을 준다는 내용이었다.

거기다 필요하면 나라에서 지원도 한다는 것이었다.

많은 젊은이가 찾아 나섰다.

그러나 아무런 진전이 없었다.

도무지 어디로 끌고 갔는지 오리무중이었다.

그즈음 낙동강 중류에 사는 가난하지만 활과 칼을 잘 쓰는 바우라는 청년이 있었다.

그는 효성이 지극하여 노모를 모시고 온갖 어려운 일을 마다않고 어머니를 봉양하며 살았다.

바우는 이 소식을 듣고 나서기로 하였다.

가난에서 벗어나고 신분을 높이는 절호의 기회에다 어머니를 기쁘게 할 수 있다는 생각으로 굳은 결심을 한 것이다.

잡혀간 김도령의 행방에 대한 소문은 여러 가지였다.

북쪽 가야산으로 갔다는 설과 서쪽의 지리산쪽 아니면 배에 실려 신라쪽으로 붙들려갔다는 소문이 파다했다.

바우는 조정에 가서 장정 3명과 말 한필을 지원받아 길을 나섰다.

바우는 우선 북쪽 가야산 쪽으로 가기로 하여 칼과 화살을 메고 일행과 출발하였다.

가야산을 가는 도중 무척산 기슭을 지나가는데 여우 한마리가 노루 새끼를 물고 저쪽으로 지나가는 게 아닌가.

바우는 활을 뽑아 쏘았다.

여우는 노루새끼를 놓아둔 채 피를 흘리며 달아났다.

장정들은 노루새끼를 구워먹으려 하였는데 바우가 살려주자고 하여 살려주었다.

그날 밤 꿈에 노루 어미가 나타났다.

"도령님 은혜 잊지 않겠어요. 도령님은 저 서쪽 지리산으로 가야 해요" 하는 것이었다.

꿈에서 깨어난 바우는 그 길로 지리산으로 향했다.

지리산으로 갔으나 산이 너무나 크고 높아서 어디가 어딘지 도무지 알 수가 없었다.

또 노루가 꿈에 나타났다.

"도령님 뱀사골 큰 바위 곁을 유심히 살피세요"

하는 게 아닌가. 뱀사골 큰 바위를 찾아가 일대를 샅샅이 살폈다.

아니나 다를까 거대한 바위 아래 작은 동굴의 입구가 있었고 그 아래로 깊이 내려가야 하는 걸 알았다.

안에서 서늘하고 음습한 바람이 불어와 몸이 오싹해졌다.

혼자서 들어가는 건 어려웠다.

바우는 말을 나무에 매어두고 장정 3인과 입구에서 칡넝쿨을 타고 내려갔다.

동굴 속은 엄청 큰 공간이었다.

침침한 동굴에서 요괴가 나올 것 같은 분위기가 감돌았다.

조심조심 걸어가는데 구부러진 동굴길 뒤에서 갑자기 칼을 든 괴한 3명이 나타났다.

칼 싸움이 벌어졌다.

장정 3명도 합세하여 싸웠는데 바우의 칼솜씨가 뛰어나 그들을 제압하였다.

이들을 처치하고 한참을 들어갔는데 이번에도 또 5명이 나타났다.

다시 불을 튀기는 칼싸움이 벌어진 것이다.

만만치 않은 싸움이었지만 비우의 비호같은 검술 앞에 적들은 하나씩 하나씩 거꾸러지고 말았다.

잡히어있는 김도령을 구출하는 건 쉬운 일이 아니었다.

일당을 제압한 후 다시 동굴의 길을 걸어갔다.

다행히 잡아간 일당들은 전혀 눈치체지 못하고 술을 마시고 곤드레 만드레 자고 있었다.

그들은 김도령을 잡아 막대한 이익을 얻기 위해 다른 나라로 빼돌릴 계획으로 동굴을 택한 것이었다.

김도령은 우리 속에서 묶인 채 혼수상태에 빠져 있었다.

바우는 장정 3명과 김도령을 어깨에 메고 굴 입구에 도달하였다.

칡넝쿨로 장정 3명이 한사람씩 차례로 올라가고 혼수상태에 빠진 김도령을 올렸다.

혹시 추격하는 자가 있을 것을 대비해 바우가 마지막에 올라가기로 한 것이다.

한참을 기다렸으나 칡넝쿨이 내려오지 않았다.

그러다 쿵하며 입구가 막히는 소리가 들렸다.

그들이 큰 돌로 입구를 막은 것이다.

기다리던 바우는 기가 막혔다.

장정들은 김도령을 데리고 그들만이 말을 타고 돌아간 것이다.

이제 바우는 오도 가도 못하게 되었다.

바우는 절망감에 빠졌다.

과도한 칼싸움에 지친데다 입구마저 막혔으니 그만 그 자리에서 풀석 주저앉아 몽롱하게 있었다.

꿈인지 생신지 저쪽에서 희미하게 노래 소리가 들린다.

생명을 소중하게
여기는 바우님아
효성도 지극하니
천상의 뜻이로다
세상의 어려움이
아무리 크다 하나
하늘의 신비한 힘
그대를 도우리라

노래가 들린 후에 노루가 다시 나타나 "도령님 지금 남쪽으로 가시면 동굴 속 물이 흘러갈 것인데 계속 따라가시면 길이 있어요"

"아! 사는 길이 있구나 노루야 고맙다."

술 취해 잠들어 있는 일당들이 눈치 채지 않게 돌아서 내려가 물길을 따라 갔다.

조그마한 입구가 있는데 다른 곳의 물이 합류하여 그 아래로 떨어져 크나 큰 폭포가 되어 있었다.

저 아래 폭포물이 떨어지는 소리가 우렁차게 들려왔다.

폭포로 떨어지지 않고는 길이 없었다.

바우는 한참을 망설이다가 이판사판 폭포밑 물밑으로 떨어졌다

첨벙하는 것과 함께 물밑으로 얼마나 내려간 것인지 모르나 내려가서 다시 물위로 올라와 헤엄쳤다.

드디어 물가로 나온 것이다.

한편 궁중에서는 잔치가 벌어졌다.

세장정은 임금님에게 바우는 적들과 싸우다 죽었고 자기들만이 간신히 살아서 김도령을 구출하여 돌아왔다고 말했다.

임금님은 바우가 죽은 것은 안타까우나 큰 공을 세웠다고 상을 주고 칭찬하였다.

궁중에는 음악과 춤으로 잔치가 벌어졌다.

그러다 바우가 나타난 것이다.

세장정은 깜짝 놀라 얼굴이 새파래져서 어찌할 바를 몰랐다.

그들은 죽을 죄를 지었다고 머리를 조아렸다.

드디어 모든 것은 백일하에 밝혀졌다.

세장정은 옥으로 끌려갔다.

바우는 상을 받고 큰 벼슬을 하였으며 어머니를 모시고 잘 살게 되었다.

그 이후 가야조정에서는 철 기술자에게는 특별히 신변을 보호하는 조치를 취하였다고 한다.

가야는 제철기술을 최고도로 발전시켜 낙랑대방을 통해 중국으로 수출하고 선진 문물을 받아들였다.

철기를 비롯해서 높은 문화를 왜에 전수하는 역할을 하였다.

철기수출로 가야백성들은 넉넉한 삶을 살게 되었다.

지금도 발굴되는 가야 유물 속에는 다른 나라의 귀금속 장신구가 많이 출토되고 있어 그들의 경제적 여유를 말해주고 있다.

가야전설 베품이 복을 잇다

황산강(낙동강) 중류 신라와 접경지역 가야 땅 어느 마을에 어린자식 3명을 거느리고 사는 젊은 과수댁이 있었다.

그는 성품이 착하고 어진성품이었는데 일찍이 남편이 병들어 죽어 혼자 몸으로 힘들게 지식을 키우고 있었다.

먹을 양식이 적어 아이들은 배고프다고 칭얼대기 일쑤였다.

이웃 할머니가 어린자식들을 제대로 먹이기 위해서라도 재가하라는 권유를 해왔다.

젊은 과수댁은 많은 고민을 했다.

시댁은 조상들이 옛날부터 어려운 이웃을 도와주어 주위의 존경을 받아온 가문인데도 남편대에 와서 불운이 겹쳐 곤경에 빠졌지만 가문의 명예에 누를 끼칠까봐 염려했기 때문이다.

소중한 자식과 여러 가지 문제로 잠못 이루는 밤이 많았다.

많은 고뇌 끝에 자식들을 위해서 하는 수없이 재가하기로 마음먹었다.

아이들에게 이야기했다.

아이들은 울면서 가지 말라고 했다.

그러다가 결국은 가기로 한 것이다

'애들아 용서해다오 너희들이 크면 이 애미를 이해할 거다. 조금만 기다려라 양식을 가지고 올 것이니........'

아이들이 잠든 밤중에 집을 나섰다.

저쪽 남쪽 마을로 가기 위해 큰 산길을 넘어야 했다.

산길을 혼자서 울면서 걸었다.

걸어가고 있는데 저쪽 어둠 속에서 남정네 몇 명이 움직이는 게 보였다.

바위 뒤에 숨어서 한참 살펴보았다.

그들은 땅을 파고 무언가를 내려놓고 다시 묻고는 급히 저쪽으로 내려가고 있었다.

그들이 멀리 사라지고 난 후 그곳에 갔었다.

궁금해서 땅을 파 보았다

상자가 있어 열었다.

'앗' 하고 놀랐다.

금은보화가 가득 들어 있는 게 아닌가.

여인은 끄집어내어 다시 흙으로 묻고 그 상자는 힘겹지만 머리에 이고 집으로 돌아왔다.

'아 이 정도 재물이면 내가 재가하지 않고 아이들과 함께 살아도 되겠구나 하면서....'

집으로 돌아오니 아이들은 그대로 잠들어 있었다.

아이들 얼굴을 보는 순간 눈물이 글썽 났다.

여인은 그 보물 상자를 부엌의 부뚜막 조왕신 제사 모시는 아래에다 숨겨두었다.

틀림없이 그들은 도둑일 거야 아마 신라나 가야의 귀족 집에서 훔치거나 빼앗아 낙동강 부근 산에 묻는다고 그랬을 거야.

그리고 묻어둔 상자가 없어진 것을 알고는 눈에 불을 켜고 찾아 나설 거야.

여인은 지혜로웠다.

여인은 전과 조금도 다름없는 생활을 하였다.

낮에는 품팔이 나가고 집에 와서는 길쌈하고 ....

도둑일당들은 보물을 다시 찾기 위해 혈안이 되어 이 마을 저 마을 염탐하고 다녔다.

전과 다른 생활을 하는 사람이 있는가에 신경을 곤두세워서......

3년이나 지나도 도무지 찾을 수가 없어진 그들은 포기하고 말았다.

여인은 아이들에게 기술을 배우게 하였다.

큰 아들은 외국 나가는 배를 타게 하여 항해와 장사하는 걸 배우게 하였다.

둘째 아들은 그릇 굽는 집에 가서 일을 하게 했으며, 막내딸은 길쌈하며 비단 짜는 일을 배우게 하였다.

큰 아이는 중국 왜를 다니는 동안 항해술을 배워가며 중국말을 배워야 한다는 걸 알았다.

그 당시 염사치 가문의 자손들이 중국말 통역을 맡아 한다는 소문을 듣고 가서 배웠는데 머리가 좋다는 평을 받았다.

그 이후 독립하여 왕래할 때 중국말이 가능하여 큰 돈을 버는데 도움이 되는 계기가 되었다.

시간이 흐름에 따라 큰 아들은 배를 사서 직접 무역을 하려는 의욕으로 고심에 빠졌다.

이를 알게 되어 아들에게 보물에 대한 사실을 그대로 이야기하고 그것으로 배를 마련하게 하였다.

작은 아들도 그릇 굽는 기술자가 되어 땅을 사고 가마를 만드는데 그 재물로 해결했음은 물론이다.

막내딸은 누에의 명주로 만든 비단의 질이 워낙 좋아 많은 사람들 특히 귀족신분의 사람들이 많이 찾게 되었다.

세 자녀는 모두가 부자가 되었다.

첫째 아들은 장가를 가게 되었는데 염사치 가문집 딸과 결혼했다.

염사치가는 가문의 전통에 따라 며느리를 중국여인을 맞았는데 마침 그 집 며느리의 동생 되는 처자가 있어 중국말을 주고받다 정분이 맺어져 인연이 이루어진 것이다.

둘째 아들도 형의 권유에 따라 중국규수와 결혼을 하였다.

막내 딸은 가야의 어느 귀족자녀와 결혼이 이루어졌다.

모두 어머니의 성품을 닮아 착한 성품이었으며 현명하였다.

흉년이 들 때나 태풍으로 어부들이 어려움을 겪을 때마다 윗대 조상님들처럼 아낌없이 베풀면서 살았다.

가야 사람들은 그들을 우러러 보았다.

생명을 구한 음악

가야국 궁궐에서 해안선을 따라 서남쪽으로 30여 리에 비음산이 있었다.

이 기슭 마을에는 친하게 지나는 두 연주자가 있었다.

음악하는 사람들의 집성촌이었던 비음산 마을은 연음마을이란 이름으로도 불리었는데 비음은 이 마을의 음악이 하늘로 올라간다는 뜻이고 연음은 이곳 주민들이 하도 연주 연습을 많이 하므로 붙여진 이름이다.

이 마을의 소바우란 청년은 피리를 불고 그의 친구 감분은 십현금 같은 슬(瑟)의 연주자였다.

쇠바우는 어릴 때 아버지가 철 기술자로 만들기 위해 이름도 쇠바우로 짓고 철 제련하는 곳에 보냈으나 도무지 그런 것에는 관심이 없고 피리만 밤낮으로 불어 부모님도 하는 수 없이 음악가가 되도록 그냥 놓아둔 것이다.

감분은 타고난 재질에다 부모님도 연주가가 되기를 바라 자연스레 슬의 연주자가 되었다.

두 친구는 우정과 예술을 같이 키워 가는 사이였다.

두 사람의 화음은 너무나 환상적이었고 듣는 사람들의 마음을 울려 감동의 눈물을 자아내게 하였다.

그러나 불행히도 감분 청년이 병에 몸져 누워 앓다가 요절하여 저승으로 가고 말았다.

친구를 잃은 쇠바우는 비통한 마음을 금할 길이 없었다.

혼자서 친구를 생각하면서 함께 했던 곡을 연주하며 눈물을 지우기도 했다.

그러다 세월이 어느덧 3년이나 흘렀다. 친구는 멀리 지리산 쪽으로 연주 요정이 있어 악기를 갖고 말을 타고 가는데 저쪽에서 여러 사람들이 오고 있었다. 가운데 한사람이 말을 타고 그 옆에는 부하 비슷한 10여 명과 아이들도 백 여명이나 거느리고 오는 게 아닌가.

말 위의 우두머리인 듯한 사람을 보니 안면이 많아 자세히 보았다.
바로 그 감분의 얼굴이었다. 쇠바우는 자기 눈을 의심했다.
다시 확인하기 위해 그 옆으로 따라 가서 보았다. 틀림 없는 감분이었다.
"자네 감분이 아닌가" 하니 그도 돌아보며 맞다고 하며 말에서 내렸다.
쇠바우는 감분의 손을 덥썩 잡고 말했다.
"자네가 죽은 지 3년이나 지났는데 이게 어인 일인가."
친구는 약간 어색해 하며 말했다.

사실 나는 죽은 뒤에 마마와 전염병 귀신되어 이승에 천연두나 전염병을 퍼뜨리고 있다네.
지금은 지리산 쪽 마음이 삭막한 사람들이 많이 사는 마을에다 뿌려 놓고 가는 도중이지.
이 아이들은 모두 가야산 쪽에서 앓다가 죽은 아이들이야
쇠바우는 "놀라운 일이네. 친구 자네는 평소 고운 마음씨와 음악 열정으로 훌륭한 연주자였잖아. 그 어질고 아름다운 마음으로 어찌 그런 일을 할 수 있는지 이해가 되지 않네." 감분이 말했다
"나도 어쩔 수가 없다네, 상제의 명령이니.....나의 운명이라 해두지" 하며 쓸쓸한 미소를 지었다.
"그래도 자네가 사람을 살리는 데 조금만이라도 마음을 써 준다면 얼마나 좋을고...친구여 내말을 명심해 주게"
"자네가 이렇게까지 말해 주는데 나도 마음을 모아 볼께 ....병들고 죽는 건 어쩔 수 없다네. 평소 음악이나 시 춤에 관심이 없는 감정이 굳고 삭막

한 사람들이 흔한 동네에다 많이 뿌린다네. 그런 사람들은 세상에 도움이 별로 되지 않으므로.... 아무튼 내게도 한계가 있겠지만 자네 말을 참고하겠네, 그럼 잘 가게 ...."

그 친구는 말을 마치자마자 어디론지 사라져 버리고 보이지 않았다.

아무리 생각해도 신기한 일이었다.

그렇게 헤어진 쇠바우는 지리산 쪽으로 계속 가는 도중 어느 동네에 들려 밤이 되자 잠잘 곳을 찾았으나 그 동네도 병이 돌아 아무도 재워 주지 않았다.

어느 한 집에서 간청하여 간신히 잠을 자게 되었는데 그 집 아이도 병이 들어 있었다.

주인은 이 동네 아이들이 병에 걸려 절반이 죽었다고 하였다.

"주인장의 아이를 살릴 길이 없는 건 아닙니다. 제가 하라는 대로 하시겠습니까"

"자식을 살리는 길이 있다면 무엇인들 못하겠습니까"

"그러면 부뚜막에 음식과 술을 올려 제사상을 차리십시오."

쇠바우는 그 앞에서 제문으로 말하였다.

"지네는 나와 약속한 것을 잊지는 않았겠지."

이 아이를 죽이는 것은 자네와 같은 인자한 성품이 아니라 생각하네

마음을 돌려 이 아이를 관대하게 살려 주길 바라네 나의 친구 감분이여.....

하며 허리춤에서 피리를 꺼내 불었다.

그런 후 죽어 가던 아이가 갑자기 숨을 몰아쉬며 눈을 뜨는 것이었다.

이 소문이 이웃에 전해졌다.

동네 사람들이 몰려 와서 자기네 아이들도 살려 달라고 애원하였다.

동네 사람들에게 내가 시키는 대로 하겠소? 하고 물었다.

우리가 합심하여 무슨 일이라도 하겠다고 말했다.

청년은 동네 사람들에게 제사 준비를 하고 집집마다 서쪽에 붙어 있는 부뚜막에 가서 부뚜막 신인 조왕신에게 빌고 철제로 된 이동식 부뚜막을 가진 집은 마당에 차려 놓고 빌라고 하였다.

거기다 악기 있는 집이 있느냐고 했는데 겨우 한 집만 비파가 있었다.

이 동네 사람들은 평소 음악이나 시 같은 것에는 관심이 없었다.

아랫마을 사람들은 악기 있는 집들이 있다는 말에 빌려올 수 있으면 최대한 갖고 와서 연주하는 시늉이라도 하라 하였고 노래도 부르라고 하였다.

십현금과 비슷한 슬(瑟), 동물뼈로 만든 피리. 북 등을 빌려 왔다.

사람들은 최선을 다하여 빌려와 악기 소리를 내었다.

노래는 아는 노래가 별로 없어 구지가 노래 홀아비 노래를 겨우 부르기도 하였다.

쇠바우 청년도 피리를 연주하였음은 물론이다

놀라운 일이 벌어졌다. 거의 죽어 가던 아이들이 다시 생기가 돌고 일어나는 게 아닌가.

부모들은 눈물을 흘리며 기뻐하였다. 사람들은 청년에게 백배 감사를 표했다.

청년은 동네 사람들의 식사대접과 예우를 물리치고 갈 길을 재촉하여 떠났다

그 이후 이 동네 사람들은 음악, 춤, 시, 그리고 노래 부르기를 좋아하여 심성이 부드러워졌고 이웃간의 다툼이나 병에도 잘 걸리지 않았다고 한다.

화정(花亭)마을 이야기

가야중엽 어느 해 가뭄이 심하여 백성들이 지칠 대로 지쳐 있었다.

한의 군현인 낙랑, 대방을 통해 중국과 교역을 해오다 고구려가 미천왕 14년에 낙랑 대방을 병합하여 중국과의 통로가 막히어 나라의 경제도 매우 어려워졌다.

그 가운데서도 화정에 사는 박동지는 부자였고 동네사람들도 대게 여유가 많은 편이었다.

배고픈 사람들이 인심이 후한 화정마을로 구걸하러 왔다.

박동지는 자신의 곳간을 열어 도와주며 동민들에게도 함께 도우자고 설득하였다.

평소 존경하는 박동지의 말에 다들 기꺼이 함께 도우는 것이었다.

아랫동네에는 김동지가 살았는데 여유가 많았지만 인색하여 남을 도와주지 않았다.

박동지는 가진 것이 거의 떨어지게 되었다.

박동지는 김동지에게 가서 도와달라고 했다.

"잘난 척하며 마구 퍼주더니 이제 나에게 도와달라고요.. 나는 줄 수 없소"

김동지는 냉정하게 거절했다

그러다가 겨울도 지나고 봄이 와서 먹거리가 조금씩 해결되어 갔다.

도움을 받은 사람들이 이곳마을 사람들의 농사일을 도와주어 다시 여유있는 삶을 사는 것이었다.

그 이후 사람들이 겨울에 감기 걸려 기참을 하면 김동지 집을 향하여 기침을 하였다.

김동지 가족들은 차츰 병이 들어 알아 눕기 시작하여 가세가 점점 기울어져 갔다

박동지는 사람들에세 김동지를 저주하지 말 것을 당부하며 말렸다.

박동지의 따뜻한 배려의 마음을 전해들은 김동지는 크게 후회하며 눈물을 흘렸다. "흑흑 내가 너무 욕심을 내었소 부끄럽소."

김동지도 이웃의 어려움을 도왔다.

나라에서는 박동지와 김동지를 불러 크게 칭찬하고 동네에다 큰 정자를 지어주고 꽃도 심어주었다.

그 이후 하늘의 도움인지 마을 근처 화비산(花飛山)에는 해마다 온갖 꽃들이 엄청나게 많이 피고 많은 열매가 열리었다.

기이한 것은 이산에는 흰 꿩이 서식하기 시작하고 국가 간의 예물교환으로 이곳 흰 꿩을 선사하기도 하였는데 신라에 화친의 뜻으로 꼬리 5척의 흰 꿩을 선물한 것도 화비산의 꿩이었다.

그리고 보름날에는 선녀들이 화비산 산등성이 위에서 춤을 추며 합창하는 광경이 간간히 보여졌다.

그대들 베푸는 맘
지극히 아름답소
하늘을 공경하고
사람을 사랑함이
천상에 앉아계신
상제님 기쁘하사
특별한 은총으로
큰 복을 주시리라

특히 화정정자에서 보는 게 가장 아름답고 잘 들리었으며 그것을 보는 사람들은 깊은 감명을 받았다.

오늘날에도 화비산과 부근에는 산초가 엄청 많고 어름나무 열매 영지버섯이 많이 나오고 있어 화비산의 이름값을 하고 있다

또 수년전 신도시로 개발되기 전 많은 가야유물이 땅속에서 발굴되었다

이를 토대로 복천 박물관에서 연구보고서를 내었는데 삼한시대의 숯가마 6-8세기 분묘와 다양한 유물에 관한 연구내용은 화정부락의 깊은 역사를 말해주고 있다.

제6장 손유희

〈손유희〉

1. 손유희의 정의

손을 움직여 다양한 감정, 사물, 여러 가지 자연현상 등을 표현하는 것이다.

여러 사람이 모여 있는 강의 시간이나 아이들과 함께 하는 수업시간에 주의를 집중시키고 분위기를 조성하는데 가장 효과적인 방법의 하나이다.

유아기에는 정신적·신체적 발달이 동시에 이루어지기 때문에 유아들에게 즐거움을 줄 뿐만 아니라 다음과 같은 영역의 발달을 도와준다.

2. 손유희 교육적 효과

1) 언어에 리듬을 넣어 표현함으로써 다양한 어휘력을 구사할 수 있다.
손유희를 통해 어휘력이 발달된 아이들은 어휘를 적절하게 구사할 수 있으며, 적합한 감정표현을 구사할 수 있다.

2) 인지능력이 발달된다.
숫자 세기, 크기, 형태, 분류, 비교 등 기본적인 인지 개념을 발달시킨다.

3) 손유희를 통해서 두뇌발달이 촉진됨으로 학습능력, 주의집중력, 기억력 등이 길러진다.
유아기에 손유희를 통해 손을 많이 움직이면 대뇌의 신경을 자극하여 지능발달에 도움을 준다.

4) 다양한 표현력을 통해 창의력과 상상력이 발달된다.
구체적인 사물, 뿐만 아니라 추상적인 개념까지 표현할 수 있는 능력이 생긴다.

5) 자신감과 표현력이 길러진다.
손유희를 하면서 아이들의 억압된 감정을 해소할 수 있고 불안과 욕구불만에 대한 긴장이 풀리게 되어 심리적 안정감을 가져오고 이러한 심리적 안정감은 곧 자신감을 불러일으킨다.
또한, 손유희는 신체표현을 통해 대근육 소근육이 발달된다. 사람과 동물, 식물을 사랑하는 마음과 예절과 질서 등을 배우며 사물의 쓰임새를 자연스럽게 익히게 된다.

3. 손유희 할 때 교사

1) 교사 자신이 살아있는 시청각이 되어야 한다. 즉 교사가 손유희 안에 빠져야 한다.
2) 편견을 버려야 한다. 한사람만 보고하거나 특정한 아이를 공격하거나 해서도 안된다.
3) 권위를 버리고 어린아이 심정이 되어야 한다.
4) 기존의 손유희 뿐만 아니라 창작에 도전해 본다. 짧은 동요곡에 가사를 변형하는 형태로 나만의 손유희를 만들어 볼 수 있다.

펭귄가족

아빠펭귄이 일을 한다.
오오! 뚝딱뚝딱 오오! 뚝딱뚝딱
엄마펭귄이 요리를 한다.
오오! 지글지글 오오! 보글보글
오빠펭귄이 태권도를 한다.
오오! 태권 오오! 태권
언니펭귄이 화장을 한다.
오오! 토닥토닥 오오! 토닥토닥
아기펭귄이 쭈쭈를 먹는다.
오오! 쭈쭈 오오! 쭈쭈

엄마별이 올라갑니다.

엄마별이 올라갑니다 반짝
아가별이 올라갑니다 반짝
머리에서 놀다갈까? 어지럽잖아!
눈에서 놀다갈까? 안보이잖아!
어깨에서 놀다갈까? 미끄럽잖아!
가슴에서 올다갈까? 부끄럽잖아!
배꼽에서 놀다갈까? 간지럽잖아!
엉덩이에서 놀다갈까? 냄새나잖아!
무릎에서 놀다갈까? 좋아좋아좋아!!

나는 똥

나는 똥, 나는 똥
길쭉길쭉길쭉 똥이랍니다.
배가 아플 때면 화장실가서
응~ 응~ 뿌지직
아이 냄새야! 아이 냄새야!

꼬마생쥐

아삭아삭 꾸욱꾸욱
꼬마생쥐가 폴짝
냉장고에 들어가
O O O O 먹었대요

헤어지는 인사

똑딱똑딱똑딱똑딱 이제는 집으로
똑딱독딱똑딱똑딱 가야할 시간
똑딱똑딱똑딱똑딱 안녕히 계세요
똑딱똑딱똑딱똑딱 다음에 만나요

아침에 일어나니

아침에 일어나니 으쌰으쌰
김이 모락모락 앗! 뜨거
이불을 들춰보니 어머나!
지도가 그려 있네 대한민국 짝짝짝 짝짝
아무리 생각해도 생각해도
독도가 빠져 있어 빠져 있어
엄마에게 달려가니
다음부터 잘 그리래

귀요미

1더하기 1은 귀요미
2더하기 2도 귀요미
3더하기 3도 귀요미
4더하기 4도 귀요미
5더하기 5도 귀요미
6더하기 6은 쭉쭉쭉쭉쭉 쭉 귀요미

똑똑똑! 누구십니까?

나는 나는 산타~~(할머니, 아저씨, 도깨비, 아기....)
아니아니
나는 나는 산타~~~~
할아버지~~~!

개구리

개구리 세 마리 : 오른손으로 3표시하기
장독 위에서 : 원을 그린 후 올라가는 모양하기
폴짝폴짝 뛰다가 : 개구리 뛰는 모양하기
머리가 깨졌어: 머리를 가리키며 때리기
엉엉 울다가 : 우는 시늉하기
엄마한테 달려갔어요. 헤헤헤 : 뛰는 시늉 하며 엄쥐손가락 뒤로
엄마가 하는 말 : 가슴에 손포개기
장독 위에서 : 원 그리기
폴짝폴짝 뛰니까 : 개구리 뛰는 흉내
머리가 깨지지 : 머리 때리기

개구리 목욕탕

아빠 개구리가. 목욕탕에 갔어요 빡빡 빡빡
엄마 개구리가 목욕탕에 갔어요 뽁뽁 뽁뽁
아기 개구리가 목욕탕에 갔어요 뽀송 뽀송
아~~이 개운해 스르르 잠이 들었데요.

거미

거미가 줄을 타고 올라갑니다.

거미가 줄을 타고 내려옵니다.

거미네 집에 햇빛 비치면 거미네 집에 웃음꽃피고

거미네 집에 비가 내리면 거미네 집은 좌악 좌악 찢어집니다.

돼지삼형제

첫번째 돼지가 집을 짓는데(검지손가락을 피고 난 뒤 돼지 코를 만들어 주고 두 손을 이용해 집 모양을 만든다.)

짚으로 차곡차곡 집을 짓는데(손을 평평하게 하고 두 손을 번갈아 가며 높게 쌓아 준다.)

늑대가 나타나 늑대가 나타나(두 손을 번갈아 가며 머리에 누군가를 찾듯이 올려준다.)

후~~~~~ (두 손을 쫙 피고 입으로 가져가 바람을 분다.)

무너져 버렸다네(두 손을 위에부터 아래로 오면서 파도를 표현 하듯이 해준다.)

파샤!!

두번째 돼지가 집을 짓는데...

나무로 차곡차곡 집을 짓는데..

늑대가 나타나 늑대가 나타나 후~~~~

무너져 버렸다네.. 파샤!!

세 번째 돼지가 집을 짓는데

벽돌로 차곡차곡 집을 짓는데...

늑대가 나타나 늑대가 나타나 후~~~~

무너지지 않았다네... 파샤!!!

높은 집을 지어 봅시다.(두 손을 점점 올리며..)

넓은 집을 지어 봅시다.(두 손을 옆으로 늘리며..)

조그만 집을 지어 봅시다.(두 손을 작게 함과 동시에 소리도 작게)

두 손을 무릎에...

못된 까마귀와 까치

우리집 뒷산에 싸움이 났어요(양손가슴 포개다가 오른 엄쥐손 뒤 가리키기)

수그리! (엎드리기) 음~~ 못된 까마귀가 (엎드린 채로 눈꼬리 잡고 일어나기)

싸워라 싸워라 짝짝 이겨라 이겨라 짝짝 (오른쪽 주먹 쥐고 두 번 하고 짝짝, 왼손 쥐고 짝짝)

착한 까치는 (양 손 가슴하고 엉덩이 흔들기)
싸우면 안돼(오른쪽). 싸우면 안돼(왼쪽) 싸우면 안돼(앞보고)

돼지 방귀

첫번째 돼지가 방귀를 뀌었네.
(손가락으로 하나를 표시한 후 코를 쳐 올리고 엉덩이를 살짝 때린다)
아랫배에 힘을 주고 뽕뽕뽕
(양손을 깍지끼고 좌우로 흔든 후 손가락을 양쪽 찌르기)
두번째 돼지가 방귀를 뀌었네 (손가락 2개)
아랫배에 힘을 주고 뽕뽕뽕
세번째 돼지가 방귀를 뀌었네
(손가락 3개를 펴서 코를 올리고 엉덩이를 살짝 때린다.)
아랫배에 힘을 주고 뽕뽕뽕
(양손을 깍지 끼고 좌우로 흔든 후 손가락을 모았다 폈다 한다.)
늑대가 나타나 늑대가 나타나
(손을 펴서 이마에 대고 좌우로 번갈아 둘러본다)
아이쿠 냄새야
(한손은 코를 막고 한 손은 흔든다.)
도망가고 말았더래요
(달아나는 동작을 한다.)

뒷동산에

뒷동산에서 (오른쪽 엄지 손가락을 어깨 뒤쪽으로 찌르며)
싸움이 일어났어요 (양손 주먹을 부딪히며)
마음씨 나쁜 까마귀는 (양손 검지로 눈꼬리를 아래쪽으로 내리며)
이겨라(양손 허리) 깍깍 (검지 중지를 펴고 한쪽으로 찌르며)
이겨라(양손 허리) 깍깍 (검지 중지를 펴고 다른 쪽으로 찌르며)
마음씨 착한 (손 가슴에서 엑스자로 교차)
참새는 (양손 나비처럼 흔들며)
그러면 안돼요~ (한손을 다른 손 팔꿈치 밑에 대고 한손은 펴고 흔들며)
그러면 안돼요~ (위와 동일 다른 손으로)
참아야 해요~ (양손 깍지 끼고 웨이브를 주며 내려온다)
참아야 해요~ (동일)

만두

밀가루 밀가루 (주물주물 하세요)
덩어리 덩어리(덩어리를 만지듯)
밀어 밀어(밀어 주세요)
쭉쭉 밀어(더 힘있게 밀어 주세요)
돼지고기(돼지코 만들기)
양파(주먹을 두 개 붙인다)
두부(네모를 그려준다)
배추(두 손을 얼굴을 받힌다)
넣어 넣어(넣는 모습)

팍팍 넣어(힘있게 넣어 주세요)

지글지글 보글보글(손을 이용해 먼저 위로 잼잼2번 아래로 잼잼 두 번 느리게)

지글지글 보글보글 지글지글 보글보글(위와 같은 방법인데 좀더 빠르게)

다 익었나 보자 (뚜껑을 연다)

나는 만두다(양손을 위로 뻗는다)

목이 말라요

예쁜 컵에 예쁜 컵에
주스를~
쪼르르르~ 따라서~
꿀꺽 꿀꺽 마시면
얼굴이 예뻐져요.

예쁜 컵에 우유를~
쪼르르르~ 따라서
꿀꺽 꿀꺽 마시면
내 몸이 튼튼해져요~

예쁜 컵에 커피를
쪼르르르~ 따라서
꿀꺽꿀꺽 마시면
작아져요 작아져요
생각주머니가
작아져요

예쁜 컵에 콜라를
쭈루루룩 따라서
꿀꺽 꿀꺽 마셨더니
가야 되요 가야 되요
치과에 가야 되요
할머니가 됐어요.

사랑은

산토끼 노래
사랑은 이렇게 (손허리를 한 다음 "이렇게" 할 때 하트를 그린다.)
기쁨은 이렇게 ("손을 흔든다.)
슬픔은 이렇게 (우는 행동)
조용한건 이렇게(검지를 입에 갖다 대고 "쉿")

딸기

커다란 딸기밭에 (양손으로 네모난 밭을 꾸며 주세요)
새 빨간 딸기가 (동그랗게 딸기 모양을 만들어 주세요)
주렁주렁 열렸어요 (동그란 모양을 배위로 조금씩 올라가며 둥굴려 주세요)
똑똑 따다가 (딸기를 따는 모습을 만들어 주세요)
맑은 물에 씻어서 접시에 담아 (양손을 물결치는 모습으로 왔다갔다 하고 양손을 펴서 접시 모양을 만들어 주세요)

할머니, 할아버지 먼저 드세요 (양손을 한바퀴 돌려서 표현)
엄마, 아빠 맛있게 드세요
나도 먹고 너도 먹고 ......
음~ 맛있다

알밤나무

알밤나무에 알밤이 : 오른손 주먹 쥐고 머리위에 놓는다.
툭! 떨어졌어요 : 머리위에 놓여진 주먹손을 내린다.
어디로 갔을까?
어디로 갔을까? : 주먹손을 흔든다.
( )의 배꼽에 떨어졌을까? : 주먹 쥔 손을 이리저리 흔들어 유아이름을 불러서 지적한다.
( )의 엉덩이에 떨어졌을까? : 엉덩이를 툭툭 친다.
아니, 아니 저기 장난치고 있는 : 장난 치고 있는 유아, 주의 산만한 유아를 찾아 지적한다.
( )의 머리위에 : 머리를 짚는다.
툭! 떨어졌어요 : 양옆에 앉은 친구들이 교사가 지적한 유아의 머리에 알밤 한 대를 준다. (단풍나무, 입술나무 응용, 그러나 실제유아의 머리에 손을 대선 안된다)

작은 씨앗 하나

작은 씨앗하나 길가에 뿌려졌어요(길가를 뜻하는 모션)
안돼요 안돼!!(눈을 크게 뜨고 손을 흔들어요...)
작은 씨앗하나 가시밭에 뿌려졌어요 (가시밭 모션)
아파요 아파!
작은 씨앗하나 돌작 밭에 뿌려졌어요
(양손바닥 돌을 잡고 있는 것처럼 하고 위 아래로 왔다 갔다)
싫어요 싫어!
작은 씨앗하나 좋은 땅에 뿌려졌어요
아이 좋아라 아이 좋아라....

주전자

나는 뚱뚱한 주전자에요!
손잡이 있고 주둥이 있죠
물이 뿌글뿌글 끓으면 나를 쭉~ 따라주세요
나는 뚱뚱한 주전자에요
손잡이 있고 주둥이 있죠
물이 뿌글뿌글 끓으면 나를 쭉~ 따라주세요
나는 방귀쟁이 주전자에요
손잡이 있고 주둥이 있죠
물이 뽈글뽈글 끓으면
방귀를 뿡~ 하고 뀌어주세요

쥐와 고양이

(양손을 모두 주먹을 쥔 후..
한 손가락씩 펴면서...)

쥐가 한 마리, 쥐가 두 마리, 쥐가 세 마리, 네 마리, 다섯 마리
쥐가 여섯 마리 쥐가 일곱 마리 쥐가 여덟 마리 아홉 마리 열 마리

야옹 ! 야옹! 고양이가 나왔지~ 야옹! 야옹! ~고양이가 화났지~
쥐가 도망가네 쥐가 도망가네 쥐가 어디로 갔는지 난 몰라
쥐구멍이지, 쥐구멍이지 쥐구멍 속으로 숨었지!
(크게) 야옹!

개구리

깊은 산 연못 속에 개구리 짝짝
깊은 산 연못 속에 개구리 짝짝

개구리 개구리 개구리 개구리
깊은산 연못속에 개구리 짝짝

깊은 산 연못속의 개구리의 배꼽 짝짝
깊은 산 연못속의 개구리의 배꼽 짝짝
배꼽 배꼽 배꼽 배꼽
깊은 산 연못속의 개구리의 배꼽 짝짝

(배꼽의 점 하나, 점 하나에 털 하나 털 하나를 뽑았네, 뽑았더니 죽었네.)

삐에로

동산위에 삐에로 (주먹을 코에 양손 올리기)
말썽쟁이 삐에로
삐이삐이 삐에로
두 손을 무릎에 '착'

코알라

숲속작은집 코알라 (코, 어깨, 허리)
아무것도 모르는 코알라
엄마품에 안겨서
잠이 들고 말았대요~(잠자기)
꼬끼오~ (교사가) 일어나세요!
코코코 알알알 라라라
코! 알! 라!

퐁당퐁당

퐁당퐁당 돌을 던지자
누나 몰래 돌을 던지자
냇물아 퍼져라 멀리멀리 퍼져라
건너편에 앉아서
나물을 씻는
우리 누나 손등을 간지러 주어라

(율동과, 어깨 주무르기)

핫도그아줌마

핫도그 아줌마 핫도그 주세요
한 개 말고 열 개 나 주세요
작은 것 말고 큰 걸로 주세요.
케첩도 발라주세요 (설탕도 뿌려주세요.)

햄버거 아줌마 햄버거 주세요
한 개 말고 열 개나 주세요
작은 것 말고 큰 걸로 주세요
소스도 발라주세요.(찍찍)

휴지

나는 네모난 휴지에요 (나는-양 엄지를 가슴향하고 네모그리기)
내가 필요하시면(왼손은 쭉 피고 오른손으로 위에서 아래로 내려 오기)
톡톡 뽑아서 땀을 닦아 주세요 (머리 위에서 티슈 뽑기)

나는 네모난 휴지에요
내가 필요하시면(반복)
톡톡 뽑아서 코를 닦아주세요

나는 네모난 휴지에요
내가 필요하시면
톡톡 뽑아서 엉덩이를 닦아주세요

나는 나는 공주인가 봐!

나는 나는 공주인가 봐 사과가 너무 무서워
사과에 독이 들어 있으면 나는 나는 어떻게(백설공주)

나는 나는 공주인가 봐 바다가 너무 무서워
내 몸이 물거품 되어 날으면 나는 나는 어떻게

나는 나는 공주인가 봐 12시가 너무 무서워
마차가 호박으로 변하면 나는 나는 어떻게

나는 나는 공주인가봐~ 두더지가 너무 무서워~
나하고 결혼하자 조르면 나는 나는 어떻게

나는 나는 공주인가봐~ 물레가 너무 무서워~
바늘에 찔려 잠이 들면은 나는 나는 어떻게

-보너스-
나는 나는 왕자인가봐 개구리가 너무 무서워
내 몸이 개구리로 변하면 나는 나는 어떻게

인절미와 총각김치

어여쁜 인절미가 시집 간데요.

콩가루 콩고물로 화장을 하고 커다란 쟁반위에 올라앉아서 시집을 간데요. 입속으로. 쏘옥 여러분 총각김치 장가 간데요. 고추물과 소금물로 목욕을 하고 길다란 젓가락에 올라앉아서 장가를 간데요 입속으로. 쏘옥

인절미 박수

오물오물짝짝 조물조물 짝짝 오물 짝 조물짝 오물조물 짝짝 먹어요
(옆사람에게 주며)

(일본말로)

오무리노 오무리노 짝짝 조무리노 조무리노 짝짝 오무리노 짝 조무리노 짝 오무리노 조무리노 짝짝 먹으리노

(러시아어로)
오무스키 오무스키 짝짝 조무스키 조무스키 짝짝
오무스키 짝 조무스스키 짝 오무스키 조무스키 짝짝 먹어스키

(프랑스어로)
오물스와 오물스와 짝짝 조물스와 조물스와 짝짝 오물스와 짝 조물스와 짝 오물스와 조물스와 짝짝 먹어스와
(북한말로)
오무리끼니 오무리끼니 짝짝 조무리끼니 조무리끼니 짝짝
오무리끼니 짝 조무리끼니 짝 오무리끼니 조무리끼니 짝짝 날래 먹으라우야

망 치

(구호: 망치 나와라 얍!)

망치 한 개 있어 망치망치 온종일 망치질을 한다네
망치 두 개 있어 망치망치 온종일 망치질을 한다네
망치 세 개 있어 망치 망치 온종일 망치질을 한다네
망치 네 개 있어 망치 망치 온종일 망치질을 한다네

까딱 까딱 고개 짓하다 노래음(시골 영감 처음 타는 기차..)

까딱 까딱 고개짓하다 짝짝짝짝짝 짝짝짝짝짝 손뼉 쳐봐요.
짝짝짝짝짝 짝짝짝짝짝 손뼉치다가 쿵쾅 쿵쾅 쿵쾅 쿵쾅 발굴러봐요.
쿵쾅쿵쾅 쿵쾅쿵쾅 발구르다가 으쓱으쓱으쓱으쓱 어깨 춤춰요.
으쓱으쓱 으쓱으쓱 어깨 춤추다 옆사람과 옆 사람과 인사하세요.

곰다리 새다리(노래음 : 열 꼬마 인디언)

곰다리 (양손 엄지) 네다리 (두손 모두 네 개를 편다.)
새다리 (아기 손가락) 두다리(두 손 모두 V자를 만든다.)
새다리 두다리 곰다리 네다리 곰다리 네다리 새다리 두다리
합쳐서 (곰다리 네다리의 손유희)
여섯 개 (새다리 두다리 -> 손가락 여섯 개를 만든다.)

나는 스타

나는 스타에요 나는 스타예요 나는 스타예요
텔레비전에 다섯 번 신청받았고
라디오에 열 번 신청받았지만
한번도 출연해보지 못한 일류 스타예요

열장군

열장군 나와라 얍! 앞으로 세번 착착착 뒤로 세 번 착착착
위로 세 번 착착착 아래로 세 번 착착착
로케트처럼 **쓔**우웅 낙하산처럼 샤아악 착!

아무나 못해요

화가 났을 때 꾹~~~~~~~~~ 참는 거 그거 아무나 못해요
옆 친구가 미울 때 꾹~~~~~~참는 거 그거 아무나 못해요
장난치고 싶은데 꾹~~~~~~ 참는 거 그거 아무나 못해요
그러나 나는 할 수 있어요
나는 할 수 있어요

<교구사진모음>

은혜를 모르는 호랑이(진영도서관팀)

솔로몬의 지혜

나무들의 이야기

솔로몬의 지혜 역할극

토마토

쥐들의 회의 역할극

아기돼지 삼형제

손가락 가족 장갑동화

개구리(송현아 작)

꼭 한번만

해와 달이 된 오누이

따라 말하는 도깨비(정금미 작)

누가 내 머리에 똥 쌌어?

집을 팝니다

앞치마 동화

꼬꼬와 꼬봉이

청돌이의 마음

멍멍이 삼형제

게으름뱅이 도깨비

토끼와 거북이(손은희 작)

비오는 날

집을 팝니다 동물캐릭터들(차영희)

인어공주

누가 내 머리 똥 쌌어(동물캐릭터)

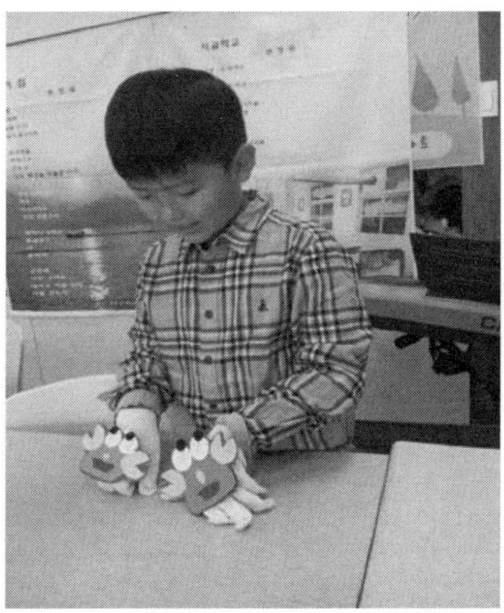

엄마 게와 아기 게

[저자 소개]

현) 김해동화구연협회 회장
김해문화의 전당내 변정원스토리하우스 대표
김해문인협회 회원
가야여성문학회 회원
Book Like 인성독서지도사
동화구연가
아동문학가
평생교육사
시낭송가
인성지도사

출강처) 김해대학교
김해도서관
김해문화의전당
(전국)부모교육
칠암도서관
삼성초등학교
교사교육

특강) 경남교직원 직무연수
부산남구교육청 특수교사 연수
가야대학교 유아교육학과
인제대학교 유아교육학과
장신대학교 평생교육원
부산KBS아침마당 외 다수 출연
대전 교육청

Book Life 동화구연

2015년 7월 20일 중판인쇄
2015년 7월 25일 중판발행

저 자 변 정 원
발행인 유 성 열
발행처 청목출판사
서울특별시 영등포구 신길로 40길 20
전화 (02) 849-6157(代)・2820 / 833-6090~1
FAX (02) 849-0817
등록 제318-1994-000090호

파본은 바꾸어 드립니다. 값 14,000원

http : //www.chongmok.co.kr

ISBN 978-89-5565-554-4